Before I end my Letter I pray Heaven to bestow the best of Blessings on this House and all that shall hereafter inhabit it. May none but honest and wise Men ever rule under this roof.

I Shall not attempt a description of it. You will form the best Idea of it from Inspection.

Mr Brisler is very anxious for the arrival of the Man and Women and I am much more so for that of the Ladies. I am with unabated Confidence and affection your

John Adams

Mrs Adams

The
AMERICAN
SPIRIT
美国精神

WHO WE ARE
and
WHAT WE STAND FOR

[美] 大卫·麦卡洛 / 著　　陈召强 / 译

DAVID
McCULLOUGH

中国致公出版社

——China Zhigong Press——

ALSO BY DAVID McCULLOUGH

The Wright Brothers

The Greater Journey

1776

John Adams

Truman

Brave Companions

Mornings on Horseback

The Path Between the Seas

The Great Bridge

The Johnstown Flood

大卫·麦卡洛著作

《莱特兄弟》

《伟大的历程》

《1776》

《约翰·亚当斯传》

《杜鲁门传》

《勇敢的同伴》

《马背上的早晨》

《跨海之路》

《伟大的桥》

《约翰斯顿洪水》

For Our Grandchildren

Caitlin

Jed

Tyler

David

Leah

Ethan

Jesse

Caroline

William

Melissa

Geoffrey

Nellie

Louisa

Henry

Rosie

Nathaniel

Tamaelle

Luke

May

献给我们的孙儿孙女们：

凯特琳

杰德

泰勒

大卫

利亚

伊桑

杰西

卡罗琳

威廉

梅丽莎

杰弗里

内利

路易莎

亨利

罗茜

纳撒尼尔

塔玛埃利

卢克

梅

"Perseverance and spirit have done wonders in all ages."

—GEORGE WASHINGTON

"自古至今，毅力和精神都在创造奇迹。"

——乔治·华盛顿

Contents

目　录

引言

我认为，历史是看待生活的更宏大的方式。它是力量的源泉，灵感的源泉。它事关我们是谁以及我们代表着什么，对于我们去理解我们自己所应扮演的时代角色至关重要。用一句老生常谈的话说，历史是人类的历史。它是关于人的，这些历史人物跨越时空与我们对话。

我们的历史，我们美国的历史，是对我们作为一个民族和一个国家的确切描述。某种意义上，这是一个独一无二的故事，是我们最伟大的自然资源。而我要做的，就是通过写作和演讲，让这个故事以及这个故事的主人公们更清晰地呈现出来，并让更多的人关注到这些。

本书所选内容是我在过去25年里所做诸多演讲中的一部分。在时下这样一个价值紊乱、莫衷一是的时代，我希望我过去的这些演讲，可以帮助我们回想起我们是谁以及我们代表着什么，回想起那些曾经激励我们的国父们的远大抱负，回想起我们不朽的价值观，回想起历史在指引我们度过动荡时期和价值紊乱时代所发挥的重要作用。

在这些演讲中，有两篇是在国家纪念日庆典上发表的——美国国会两百周年纪念和白宫两百周年纪念。另有两篇是在历史纪念地举办的典礼上发表的，两次活动都是为了纪念特别值得铭记的美国经历：前者给人无限希望，后者令人悲惋痛惜，中间也都谈到了对永恒价值的追求。

第一次活动是在夏季举行的归化入籍典礼，地点是托马斯·杰斐逊的蒙蒂塞洛庄园。第二次活动是约翰·F.肯尼迪遇刺50周年的追悼仪式。时间是2013年11月22日正午，地点在得克萨斯州达拉斯的迪利广场。参加此次追悼活动的人数超过了5000人，其中很多是远道而来。那是一个阴郁的日子——寒冷，潮湿，多风，一大早人们就开始聚集起来。海军合唱团演奏《共和国战歌》。从讲台看去，那是我永远难忘的场景。

书中的其他演讲稿中，各高校的演讲占了较大篇幅。在这些演讲中，我希望对那些即将全面融入美国生活的年轻人讲清楚，了解本国历史是非常重要的，而且历史同音乐、诗歌和艺术一样，是扩充人生经验的一种极好的方式。这里所说的历史，并不仅仅是关于政治和战争的，事实上绝非如此。也正是基于这一原因，音乐、诗歌和艺术在很大程度上也可以算作是历史的一部分。关于这一点，我在 2007 年在拉法耶特学院所做演讲中有过特别强调。

我已经记不清我做过多少场演讲了。我个人的第一场演讲，距今至少也有 50 年了。不过，我清楚记得我在全美 50 个州都做过演讲，而且现在依然在继续，这主要是因为我觉得我有话要说，同时也是因为我一直喜欢四处看看这个国家，喜欢和人们见见面，喜欢听听他们的想法。

诚然，我们有很多需要认真对待的事情，有很多需要纠正、改进或摒弃的事情。但美国人民的活力和创造力，基本的行为准则，宽容度和对真理的坚持，以及仁爱之心，依然是显而易见的。

外出演讲时，我常常会对当前状况感到一丝不安，但演讲回来后，我又会对未来充满信心。因为我一次又一次地发现，长久以来的美国价值观依然坚定地立在原处，优秀的人们和衷共济，共同推动变革朝着好的方向发展，美国精神依然在发挥作用。

Simon Willard's Clock

JOINT SESSION OF CONGRESS

Washington, D.C.

1989

西蒙·威拉德的钟

美国国会联席会议

华盛顿哥伦比亚特区

1989 年

议长先生，副总统先生，多尔参议员，第 101 届国会议员，女士们、先生们。作为一名普通公民被邀请在国会演讲是罕见的，对我来说是极高的荣誉，谢谢你们！

从一般意义上来说，西蒙·威拉德从未成为国会议员。来自马萨诸塞州罗克斯伯里的西蒙·威拉德是 19 世纪初期的一名钟表匠，这门手艺全凭自己的手和眼睛完成。

"在制作表盘时间刻度时，"早前的一篇记述写道，"他并没有事先在空白的（黄铜）表盘上测量并标出参照刻度，而是完全靠眼睛确定刻度间距。一圈刻下来，时间刻度永远都很均匀……"

大卫·麦卡洛在国会演讲

该记述继续写道:"这种操作技艺未必前无古人,但绝对后无来者。"

具体的日子已经难以考证,但时间是在1837年左右,80多岁的西蒙·威拉德制造了一只最重要的钟。稍后我会继续讲到这只钟。

1775年6月的一个下午,那时美国国会还没有创立,一个小男孩和他母亲站在远方的小山上,观望邦克山战役[1]。这个男孩就是约翰·昆西·亚当斯,后来成为外交家、参议员、国务卿和总统。纵观他的一生,他所见证的历史和他所做出的贡献,几乎超过了同时代的所有人。而卸任总统之后,他又重返国会山,成为第22届国会的一位众议员,这是此前任何一位美国总统都不曾有过的。他对未来充满了憧憬。这位非凡的美国人在这里度过的可能是他人生中最美妙的时光。

亚当斯1831年进驻旧的众议院会议厅,即现在的国家雕塑厅。他是一个个矮的、虚弱的、无所畏惧的人,一向畅所欲言,凭良心说话。他提议倡导机械改良和科学调查。在当初建立史密森学会这件事上,国会中没有人比他更出力了。同伊利诺伊州的国会议员亚伯拉罕·林肯和俄亥俄州的托马斯·科温一道,他竭力反对美墨战争。此外,在长达8年的时间里,他几乎是以一人之力对抗南方人施加的臭名昭著的"言论禁止令";该禁令意在阻止任何有关废奴

---

1 邦克山战役,美国独立战争(1775—1783)中最初的流血战斗。——编者注

《众议院》，塞缪尔·F. B. 莫尔斯作品

请愿的讨论。虽然亚当斯痛恨奴隶制，但他表示，他更多的是为捍卫全体公民无限制的请愿权而战，无论基于何种原因，他们都有发声的权利。这是一场英勇的战争，亦以他的胜利而告终。"言论禁止令"由此被永久废除。

今年早些时候，在乔治·赫伯特·沃克·布什的就职典礼上，我听到一名在国会大厦雕塑厅做直播的电视台评论员抱怨大厅里的共鸣与回响。是什么在共鸣！是什么在回响！

约翰·昆西·亚当斯提醒我们，各种各样的经历共同汇成了他们巨人的一生。有时候，他们走过这些大厅，发出他们的声音，并把精神留在这里。让我们听一听他在 1841 年 3 月 29 日写下的这段日记：

世界、众生和地狱里的所有恶魔都反对任何已在这一北美联盟的人，因为他们胆敢同万能的上帝一起制止非洲奴隶贸易。我马上就 74 岁了，手已经颤抖，眼袋已经下垂，大脑已经昏沉，而各种技能也像脱落的牙齿一样，渐渐失去。那么，现在的我还可以为上帝和人类的事业做什么……

再看他是多么热爱众议院：

（他写道）众议院的形式和程序，国家对民众请愿的号召，议长席上方庞大的联邦徽章，座钟旁的历史女神，大厅内对称的廊柱，步履轻快的信使——他们负责在议长和议员之间传递决议和修正案。赞成或反对议案的口头表决，不同语调和不同意见的回应，执事逐一点名的方式，议长宣布投票结果的语气，议员听到结果后或喜或忧的不同表现，这些共同构成一首叙事诗的绝佳题材。

有时晚上回到家中，他已精疲力竭，甚至连爬楼梯的力气都没有了。1848 年冬，在国会服务长达 17 年之久，已是 80 岁高龄的亚当斯倒在了办公桌前。雕塑厅地板上有块黄铜标牌，标示着当时的位置。

他被抬到议长的办公室；两天后，他在那里溘然长逝。临终前，亨利·克莱含泪握着他的手。众议员林肯帮助安排葬礼事宜。丹尼尔·韦伯斯特负责撰写碑文。

关于国会的恢宏著作不可谓不多：哈里·麦克弗森的《政治教育》，艾伦·德鲁里的《参议院公报》，阿尔文·约瑟夫的《国会山》，众议员理查德·切尼和琳恩·V.切尼合著的《国会山之王》，D. B.哈德曼和唐纳德·培根近期新推出的优秀传记作品《雷伯恩》，以及梅里尔·彼得森所著的关于克莱、韦伯斯特和卡尔霍恩的《伟大的三巨头》。而今，在200周年的时候，参议员罗伯特·伯德所著的关于参议院的史学巨著的第一卷亦已出版。

但现在还没有记述有关亚当斯在众议院工作的著作，要知道，这可是我们政治史上的生动篇章之一。同其他很多待写的作品一样，他的故事仍有待于我们进一步挖掘。

我们对国会史以及对在国会中创造历史的人物的了解和认识，存在着严重欠缺。一个简单的事实是，历史学家和传记作家在很大程度上忽略了这个主题。在国会创立200年之后，我们才刚刚开始讲述国会的故事。当然，这也意味着那些以国会为写作主题和以国会为教学内容的人们将会迎来重大机会。

比如佛蒙特州的贾斯廷·莫里尔，他是《赠地学院法案》的起草人，现在我们就没有关于他的翔实的、最新的传记；比如吉米·伯恩斯，他被认为是他那个时代最有手腕的政界人士；比如乔·鲁宾逊，国会中最坚决的少数派民主党领袖，他在这附近一间公寓的突然离世意味着富兰克林·罗斯福的《最高法院改组计划案》的失败；比如亚利桑那州的卡尔·海登，他担任参议员长达 41 年之久，超过了其他任何一位同行。

约翰·加拉蒂写过老亨利·卡伯特·洛奇的传记，但没有人写过与小亨利·卡伯特·洛奇相关的作品。在图书馆的书架上，你找不到有关阿尔本·巴克利或议长乔·马丁的优秀传记。这样的作品根本不存在。关于参议员阿瑟·范登堡的传记只写到了 1945 年，而在那个时候，他的职业生涯才刚刚起步。就 20 世纪的参议员而言，被写最多的是乔·麦卡锡。关于他的著作有十几本之多。然而，作为率先反对麦卡锡的中坚人物，玛格丽特·蔡斯·史密斯的传记却是一片空白。

在那个难忘的日子里，她在参议院讲道："作为一名共和党人，作为一名女性，作为一名联邦参议员，作为一名美国人，我要说，我不希望看到共和党依靠中伤他人的'四骑士'——恐惧、无知、偏执和诽谤——来取得政治上的胜利。"

我们可以找得到西奥多·比尔博和休伊·朗等人的传记，但却难觅乔治·艾肯或弗兰克·丘奇的传记。

作为 20 世纪最受尊敬的和最具影响力的参议员之一，佐治亚州的理查德·拉塞尔经常将成摞的早年的《国会议事录》的副本带回家中，消遣阅读。他喜欢早前那些长时间的辩论和演说，他还对他的

玛格丽特·蔡斯·史密斯

幕僚说，那些曾经叱咤风云的人物，那些曾经对美国生活轨迹产生过重要影响的人物，现在却被完全遗忘了，这是非常奇怪的。

试想一下，在每天进出拉塞尔大楼或坎农大楼的人中，有多少人知道理查德·拉塞尔或约瑟夫·格尼·坎农？关于他们两人的传记作品，屈指可数。

作为众议院议长和规则委员会主席，来自伊利诺伊州丹维尔的乔·坎农大叔，在这里一度掌握着我们现在所无法想象的超级权力。

他是一个强硬的、精明的、世俗的和别具一格的人，是一块难以挪动的绊脚石。那是 20 世纪初期，我们这个国家想进行改变和革新。但乔大叔并不想。"西部以及丹维尔周围的一切都很好，"他说，"这个国家不需要任何法律制度。"

当一项议案提议给"美国鱼类和渔业委员会"增加一项新的职能，使之成为"美国鱼类、渔业和鸟类委员会"时，坎农表示反对。他不喜欢加上"鸟类"——"鸟类"是新的、不同的，因而是无法接受的。

1910 年的一场对抗行动最终结束了坎农的"铁腕统治"。那场行动就发生在现在这个厅里，领头人是来自内布拉斯加州雷德威洛县的乔治·诺里斯。在公共生活领域，美国没有几个人比乔治·诺里斯更出色；而在我们的政治史上，比这一转折点更重要的事件亦屈指可数。然而，时至今日，这一切几乎都被忘记了。

对于新的、开创性的第一届国会，我们还需要多了解什么？

从外交关系委员会的历史中，我们可以学到什么？

试想一下，有一本专门记述"罗斯福新政"时期参议院的著作。想一想那个时期发生的变革。想一想那个时期的参议员——罗伯特·瓦格纳、伯顿·K. 惠勒、雨果·布莱克、克劳德·佩珀、巴克利、休伊·朗、汤姆·康纳利、范登堡、罗伯特·A. 塔夫脱、乔治·诺里斯、爱达荷州的威廉·博拉和伊利诺伊州的 J. 汉密尔顿·刘易斯等。值得一提的是，刘易斯是政界的守旧派，依然是老派打扮：

燕子领、护脚、粉红色假发和粉红色尖须。

刘易斯对一位来自密苏里州名叫杜鲁门的新任参议员说："哈里，初来乍到，千万不要带有自卑情绪。在最初的 6 个月里，你会想你到底是怎么来这里的，之后你就会想我们这些人到底是怎么来这里的。"

不知何故，我们甚至找不到一本优秀的国会山史，比如可与威廉·西尔所著的《白宫史》相媲美的书。这座宏伟建筑的规模是逐步扩大的，正如美国的发展一样。它真的是不同的建筑物的集合，也是不同时代的和不同抱负的象征。而关于它的历史，亦应以这样一种方式记述。

我们都已经习惯了以总统任期来衡量和界定我们的历史，以至于我们忘记了这个国家在这里发生的很多故事。

与国会相比，总统任期似乎更清晰，更有条理，也更易于理解。以总统作为主人公，数量相对较少，他们轮流执政，而且一次只有一个人在台上。

反观这里，人们进进出出，彼此任期还会有重叠。这个舞台上永远挤满人，演说和喧闹永无休止。这里有着太多的谎言，让人厌烦到无以复加。

但不要误会，至少因为在这里服务的你们，让我们有很多理由为国会感到自豪，就像我们对体系内的其他任何机构一样。大量的史料显示，尽管国会犯过这样那样的错误，但与我们经常看到的描述相悖，它从未成为小丑和盗贼的舞台，也从未成为夸夸其谈者的舞台。我们嘲弄国会，贬低国会，抱怨国会的不称职和低效率。我们自一开始对它的态度就是这样，将来可能也一直是这样。而你们亲历亲为，尤其是在选举期间。但我们更应该讲的、更应该被广泛了解的，是在这里所取得的伟大的胜利，是决策的勇气和所实现的愿景，是在这里服务的、有着崇高目标的正直的人们，其中也包括时不时出现的天才人物。

毕竟，是国会通过了《宅地法案》，终止了奴隶制，终止了童工，修建了铁路，修建了巴拿马运河，修建了州际公路系统；是国会通过了刘易斯与克拉克远征和月球探险预算决议；是国会通过租借法案和马歇尔计划改变了历史的进程；是国会创建了社会保障体系、田纳西流域管理局，通过了《退伍军人权利法案》和《投票权法案》，以及建立了无与伦比的国会图书馆。

我们美国建立在国会山之上并非偶然。与国会山相邻的，是政府的中心和我们伟大的国会图书馆——这是一个自由的、开放的图书宝库，你在那里可以看到来自世界各地、以不同语言表达的不同观点。

在过去的200年里，共有11200人当选为参众两院议员。虽然美国黑人、美国女性、西班牙裔和亚裔美国人，以及美国原住民并没有得到充分代表，这种现象至今依然存在。但在这个地方，我们所有人的声音都会被听到。正如人们所说的，这里是人民当家做主的地方。当然，我们在这里可能不会经常这么说。

我们需要更多地了解国会，这是因为我们需要更多地了解领导者，需要更多地了解人性。

我们可能也需要重新拾起一些理念。

想一想最近这些年处理国防支出的方式，我们或许可以重新成立一个调查委员会，就像"二战"时的杜鲁门委员会一样，当时这个委员会帮助节省了数十亿美元的开支，并挽救了成千上万人的生命。

如果我们不愿意用纳税人的钱来支付禁毒之战的费用，进而拯救我们这个国家，那为什么不像两次世界大战时那样发售债券呢？很难想象会有人不愿意购买这种债券，因为人们都希望赢得这场禁毒之战。

首要一点，我们需要更多地了解国会，是因为我们是美国人。我们相信自我治理。

"这个孩子应该多读历史。"约翰·亚当斯在写给他的妻子阿比盖尔的第一封信中提及对儿子约翰·昆西的教育时说。我们必须阅读历史，撰写、出版更好的历史书，以及更好地讲授历史。

如果我们不知道我们来自哪里，我们又怎能知道我们是谁，我们将去向何方？如果我们对我们这个国家的过去知之甚少，我们又怎能称我们自己为爱国主义者呢？

《国会议事录》早年卷宗中的人物都有谁？他们的动力是什么？

对于他们所做的事情，我们还有哪些是不了解的？

我们的过去并不仅仅是序曲，它也可能是支柱。用爱默生的话来说："世界是年轻的，先前的伟人在深情地呼唤我们。"

在我看来，数字手表是我们这个时代眼界失衡的完美象征。因

《历史战车》，卡洛·弗兰佐尼作品；《钟》，西蒙·威拉德作品

为它只是告诉我们现在的时间、这一片刻的时间，就好像这是所有人都希望或需要知道的一样。它让我想到了西蒙·威拉德。

过去，众议员齐聚雕塑厅，所有的议案审议都在历史女神克利俄的注视下进行。她依然矗立在北侧走廊的上方。正如人们所说的，她在长有翅膀的战车上书写历史。设立这样一个雕塑，是为了让那些坐在她下面的人从她身上得到启示。他们会想起他们自己也是历史的一部分，他们的语言和行动将会受到历史的评判，他们可以成为光荣遗产的组成部分。

《克利俄》和《历史战车》是意大利雕塑家卡拉拉的卡洛·弗兰佐尼的作品。前面摆放的钟是西蒙·威拉德的作品。此前我已经说过，它是 1837 年左右制造的。这只钟的内部结构是西蒙·威拉德徒手绘制、雕刻的，它的分针和时针见证了美国的"言论禁止令"，得克萨斯州的兼并，美墨战争，关税制度，邮政服务，海军学院的建立，阿肯色、密歇根和威斯康星的加入，移民相关事宜，淘金热，加利福尼亚的加入，具有决定意义的《堪萨斯—内布拉斯加法案》，以及约翰·昆西·亚当斯的最后时刻。

同样是这只带有两根指针、采用旧式表盘的钟，它向我们展示了现在的时间、过去的时间以及将来的时间。

Civilization and the City

UNIVERSITY OF PITTSBURGH

Pittsburgh, Pennsylvania

1994

文明与城市

匹兹堡大学

宾夕法尼亚州匹兹堡

1994 年

对即将迎来毕业的你们，对这一路与你们同行的人们，对所有慷慨的付出者、鼓励者、启发者和推动者，以及你们的信任者来说，这是多么美好的一天。这些人包括你们的父母、姐妹、兄弟、丈夫、妻子、祖父母和外祖父母、室友、教职员、生活导师、贷款专员，图书馆管理员，以及所有值得信赖的街边书店、鞋店、理发店、午夜咖啡店和比萨店的店主们。

对我来说，能够见证这一天，能够得到贵校这一最高礼遇，是我无比的荣耀。因为在你们的故乡，没有哪一种认可是如此甜蜜。此刻我无比欣喜和感激。

现在我们聚在一起。时间是 1994 年 5 月的一个下午的 3 时，喧嚣的 20 世纪已经趋于尾声。地平线上，一个崭新的、未知的世纪即将到来。而对于这个新的世纪，我们还得花一点时间来适应。

地点是在匹兹堡，这里是莫农加希拉河和阿勒格尼河的交汇处，两条河流汇合形成浩浩荡荡的俄亥俄河。位于西经 80 度、北纬 40 度的匹兹堡是宾夕法尼亚州的一个城市，也是美国最好的、最令人瞩目的和最具发展前景的城市之一。而我想要讲的就是这个特别的时空节点和这座美国城市的前景。

匹兹堡的过去与未来生动地交织在一起，这在其他任何地方都是极少见的。它既植根于过去，亦领先于它所处的时代，具有鲜明特色。在西部象征着未来时，它一度是通往西部的门户。这里建立的第一家总医院、第一家电台和第一家教育电视台，都走在了时代前列，而且也都是具有全国性意义的事件。当然，还有"钢铁帝国"的崛起，这得益于贝塞麦转炉炼钢法的出现。钢铁产业是匹兹堡最有名的产业，同时也启动了美国走向工业霸权的引擎。匹兹堡对空气和水污染的大治理始于 20 世纪 40 年代末期，它由此也成为世界的榜样。此后很久，环境问题才开始被普遍提上日程，成为潮流。虽然这是一座旧的钢铁城市，但我童年时代的那个匹兹堡已经消失了。随着驱动钢铁厂昼夜运转的第二次世界大战的结束，烟雾和灰尘以及夜间令人悸动的红色天空已经不见了。与其他地方不同，在匹兹堡那些旧的街区得以幸存，宝贵的古老教堂、庙宇、桥梁和伟大的法院都保存了下来。这里的历史建筑的保护引起了美国其他地区的关注，同时也让它们受到了鼓舞。

你们的学习大教堂，塔顶可以远眺至奥克兰，它依然矗立在那里，完好如初。它是20世纪30年代建成的，当时正值大萧条的谷底。我们不要忘记，这是一个象征，是对一座在艰难时期遭遇重创的城市的肯定。

在19世纪90年代钢铁巨头的鼎盛时期，匹兹堡大学有一年曾有95名高年级学生登记在册，而到了今天的20世纪90年代，该校一年的毕业生就多达5000人。如今，这所大学已经取代"钢铁帝国"，成为匹兹堡市最大的雇主，这是我父辈那一代人所无法想象的，而它对整个社区的经济影响，甚至还高于统计数据所显示的结果。

如果将匹兹堡大学搬离匹兹堡，那么对这座城市的打击将会是毁灭性的。城市与大学都是不断扩张的，彼此相互促进，彼此也都承担着对对方极其重要的责任。罗伯特·艾伯茨写过一本关于匹兹堡大学发展历程的优秀著作。他在书中指出，在过去的一个极重要时期，这座城市和这所大学是合为一体的。毫无疑问，它们的将来也会是合为一体的。每一方都必须兑现对另一方的承诺，并致力于为对方的最佳利益服务。

城市孕育文明。所有伟大的城市都有着伟大的组成部分，它们不仅仅是商场，不仅仅是制造业或金融中心，不仅仅是高档餐饮场

匹兹堡大学的学习大教堂

所，也不仅仅是那些可以欣赏到伟大的音乐、戏剧和其它艺术进而提升我们灵魂的地方，而是所有这些荟萃聚集的地方。在我们的城市，有至关重要的学习中心、法律中心、科学调查中心、出版中心、政府办公地、聚会场所、医学中心和创意中心等。在美国，我们的整个生活方式依赖于我们的城市，依赖于像匹兹堡这样的地方的活力。

我们是热爱户外运动的一代。我们歌唱广阔的天空和紫色的山峦，我们开着四驱汽车去野外探险。我们怀念小城镇，我们建造了比以往任何时候都多的郊区。但美国的国力，财富、文化和机遇的重要集聚地，以及人力资源的巨大宝库仍在城市之中。如今，美国的城市已经陷入困境。结果就是，我们的生活方式受到威胁，而这种威胁的严重程度已经超出了我们的想象。

对此，我们不能逃避。我们不能忽视它，也不能愚蠢地认为它在某个时间节点会自然而然消失。

我们要问，对于暴力犯罪，我们能做什么？对于毒品上瘾，我们能做什么？对于艾滋病的流行传播以及由此造成的痛苦和损失，我们能做什么？对于街头成千上万的流浪者，我们能做什么？对于境况持续恶化的最贫困人口，尤其是他们的子女，我们能做什么？我们可以尝试什么？哪些方法会有效？

我有一个建议，那就是：我们必须以一种崭新的方式来利用大学的能力和资源。

冷战时期，在联邦政府数百万美元的支持下，我们的一流大学积极参与到军事相关的研发活动中；如今，我们也可以让市区的一流大学积极行动起来，帮助我们了解和解决城市中的严重问题。

如果确实存在所谓"和平红利"，那么我们可以以大规模资助的形式，将相当一部分资金拨给大城市中的大学，让它们从事这方面的研究，让它们找到问题的根源所在，让它们获得更多的资源，让它们变得更具创新性，让它们为城市的未来承担更多的责任。但不管有没有"和平红利"，与城市息息相关的公司、企业、金融机构和基金会都应提供强有力的支持。

针对城市的"马歇尔计划"虽然已经谈了很多次，但至今没有任何结果。这可能是我们迈出的积极的、具有创造性的第一步。

既然如此，为何不从我们这个拥有诸多第一的城市匹兹堡开始呢？为何不让匹兹堡大学带头示范呢？

在我看来，这样一项计划的核心应该是历史。从具体和现实的角度来看，所有的问题都有它们自己的历史，而对几乎任何一个问题来说，最明智的、最成功的解决方案都始于对其历史的了解。事实上，在不了解历史渊源的情况下试图解决一个问题，最终结果几乎都是失败的。比如，我们在越南深陷泥潭，原因之一就是对它的过去几乎一无所知。

在阿勒格尼县，无家可归者的历史是什么？我们对它的了解有多少？在酒精和毒品成瘾问题上，多年来的社区经验是什么？在应对流行病问题上，我们的社区可以从 1919 年席卷宾夕法尼亚西部的流感中学到什么？再或者，我们可以从涵盖当地一代又一代的暴力犯罪的编年史中学到什么？

让大学来整合资源，整合它强大的、全方位的调查和分析能力，以及它潜心专注的智识力量，助力问题的解决。让所在城市成为大学的实验室、田野调查的对象和超越一般意义上的研究案例。在本科和研究生阶段，各学科要开展广泛的项目，尤其是历史学科，其他学科如经济、公共卫生、政府、城市研究、社会工作和环境工程等，亦当如此。

在匹兹堡大学，匹兹堡的历史已经成为该校的一门课程，讲授该课程的是特德·马勒教授。但在这方面，整个学校就这一门课程，且学生人数限定为 40 人，约为有意选修这门课程的人数的三分之一。在我看来，我们不仅要扩大马勒教授的课程规模，而且要开设更多的相关课程项目。

耶鲁大学在 20 世纪 40 年代开设了美国研究这一新课程，并建立起新的美国研究系，随后这一理念迅速传到了其他大学。现在，建立一个新的匹兹堡研究系将会成为匹兹堡大学的贡献。当然，还要设立匹兹堡研究专业。

这个新设立的院系可以充分利用匹兹堡大学已有的优秀教职人员。它可以更好地突出重点，同时协调已开设的与匹兹堡相关的诸多课程项目。

或许有人会抗议说"这在知识上太有限了"。样样略懂一些，不如精通一样。这取决于由谁来教，以及由谁来激励学生从全新的视角思考问题。毕竟，这个千变万化的城市的视野是全球性的。

或许也有人会质疑这样一种教育的"市场价值"。一个持有匹兹堡研究学位的人，该去哪里就业呢？很难想象，一个毕业于匹兹堡大学的、对这座城市的运转极其了解的人，会在企业、政府和教育口不受欢迎，且不说在匹兹堡，在其他地方也会深受欢迎。

想象一下，每年20名到40名乃至更多的毕业于匹兹堡研究专业的学生带给社区的巨大价值。想象一下，在未来10年或20年的时间里，这项计划聚集的经验，以及城市研究的累积效应。想象一下，当学生在一片新天地找到兴奋点且深知他们学业的重要性时所迸发出的种种创意。

想象一下，如果这种大学介入的理念能够得以推广施行，美国城区能够避免多少不必要的、代价高昂的错误。比如，圣路易斯要修建一条新的通往机场的高速交通系统，但要穿过一片著名的黑人墓地，项目方不了解甚或没有考虑过这片墓地对黑人社区的重要性，最终结果就是项目中断，没有人知道这中间浪费了多少钱。

你必须了解人们过去的经历，这样你才能知道他们需要什么，不需要什么，这是问题的核心所在。而人们过去的经历，就是我们所说的历史。

1996年，一个新的匹兹堡地区历史中心将会在闹市区开放，这是一座集博物馆、图书馆、研究中心和档案馆等多功能于一体的综合设施。它将会成为该市一个新的景点，而就同类设施来看，这在全美也是最好的。对匹兹堡大学新的匹兹堡研究课程项目而言，这可以说是一个完美的辅助机构。这是再好不过的机会，时间也刚刚好，相关计划可以立即启动。

匹兹堡大学的医学一直以来都是非凡卓越、闻名世界的。而近期公布的有关匹兹堡大学出版社翻译出版 20 世纪加勒比和拉丁美洲文学作品的项目，也是有史以来最令人振奋和最具雄心的国际出版项目之一。勇于创新是匹兹堡大学的传统。作为一个独一无二的大学理念，学习大教堂已经成为 20 世纪 30 年代黑暗时期的积极象征。现在，我们清楚地看到，美国生活已经处于危险之中。让我们再次行动起来吧。

只要有这种精神，1994 届的毕业生们，无论是选择继续读研究生，追求更专业的职业生涯，还是直接选择就业，你们都会更受欢迎，你们都会更有市场。

要慷慨一些，要奉献自我，要勇于坚持自己的信念。而不管你选择哪一条道路，不管你从事什么样的工作，都要去享受它，因为首要一点，如果你是快乐的，你就会有更好的想法。

The Spirit of Jefferson

INDEPENDENCE DAY NATURALIZATION CEREMONY AT

MONTICELLO

Charlottesville, Virginia

1994

杰斐逊精神

独立日归化入籍典礼——蒙蒂塞洛庄园

弗吉尼亚州夏洛茨维尔

1994 年

不管我们是谁，也不管我们从哪里来，现在对我们所有人来说，都是一个令人激动的时刻。今天，你们将成为美国的公民，而我能够在这里向你们致辞，深感荣幸！

欢迎来自 24 个国家的 62 名新公民。在这个最重要的美国节日——7 月 4 日美国独立日，在蒙蒂塞洛庄园这个深受人们喜爱的地方——那位起草了美国"出生证明"的杰出人物的故居，你们将以美国人的身份开始新的生活。

这里是托马斯·杰斐逊生活过的地方，也是他去世的地方。他去世时，就在一楼这个房子的卧室里，时间也是 7 月 4 日，那是在 1826 年。

蒙蒂塞洛庄园

同一天，约翰·亚当斯在马萨诸塞州去世。对这个国家的大多数人来说，这个时间点远不止一个奇怪的巧合。对各个地方的美国人来说，这是得到"神的眷顾"的一个"可见的、可感知的昭示"。而他们这么想，谁又能怪他们呢？

距此50年，也就是距今218年前的1776年，地点在费城，年轻的托马斯·杰斐逊被推举为一个五人委员会的成员。在这个负责起草《独立宣言》的委员会中，也包括亚当斯，但杰斐逊独自一人承担了起草工作。

杰斐逊认为这份工作应该由亚当斯来做。但亚当斯始终不肯，并跟杰斐逊说："你写的比我好十倍。"

那年杰斐逊33岁。他个子很高，有6英尺2英寸（约合188厘米），身材修长，不苟言笑，人很聪明，恋家，眷恋妻子和孩子，以及这里的绿色山顶。那时他租住在一栋砖房的二楼，位于第七街和市场街的拐角处。那是一个两居室。在费城闷热的夏日里，他就坐在客厅前面的温莎椅上，在自己设计的便携式书桌上起草《独立宣言》。他附近没有图书馆，身边也没有参考书，他是那种博闻强识的人。而且他也不需要参考书，因为正如他后来所解释的，他只想说那些大家早已知道的事情。

其目标"并不是寻找新的原则或者新的论断"，他说，"……而是将事物之常理置于世人面前，用浅显直白而强有力的语言赢得他们的赞同……既不追求原则或观点的独创性，也不沿袭先前的任何著作，而仅仅在于表达美国人的思想，并赋予这种表达以一种适当的、与那个时期相符的风尚和精神。"

"表达美国人的思想。"他说。……他懂七门语言。他是一名律师、测量师、热心的气象学家、植物学家、农艺学家、考古学家、古生物学家、印第安人种学家、古典学者和杰出的建筑师。他表示，音乐是他的灵魂挚爱，而数学则是他的心灵栖居地。

他说，他希望他写下的文字是直白的，且能顺应时局大势之精神。那是一个怎样的时局！

彼时，始于列克星敦和康科德的革命战争已经过去一年有余。所以，这不是各方所希望看到的宣战文告。对杰斐逊来说，这场革命并不仅仅是为独立而进行的斗争，也是为民主而进行的斗争。因此，他所写下的文字是真正具有革命性的。

为什么有的人满怀摘星揽月般的高远志向，而其他更多的人则甚至从未抬头仰望过星空？托马斯·杰斐逊属于前者，并最终实现了他的宏伟目标。

我们认为下述真理是不言而喻的：人人生而平等，造物主赋予他们若干不可让与的权利，其中包括生命权、自由权和追求幸福的权利。为了保障这些权利，人们才在他们中间建立政府，而政府的正当权利，则是经被统治者同意授予的……

此前，世界上任何一个地方都不曾有过经被统治者同意而建立的政府。

杰斐逊使用的"人们"或"人类"中是否包含女性？他可能是包含了的，但没有人知道。他宣称"人人生而平等"，其中是否考虑到了美国黑人？从理想角度讲，我认为是的。而实际上，他并没有考虑到。毕竟，他是18世纪弗吉尼亚的一名种植园主，蒙蒂塞洛庄园桑园路的奴隶住所可以证明这一点。他是一位有着极高天赋的伟人，但同其他少数我们称之为国父的杰出政治家们一样，他也有言行不一的地方，相互矛盾的地方，他也是一个凡人。

与如何诠释他明确的语言相比，更重要的是他的这些语言的持续的、超越时空的感召力。

"向杰斐逊致以最崇高的敬意，"亚伯拉罕·林肯在南北战争前夕写道，"向那位以一己之力承受民族独立斗争强大压力的人，致以最崇高的敬意；向那位在这一压力面前保持冷静的、有先见之明的和有能力引入适用于所有人和所有时代的纯粹革命性历史文件和抽象真理的人，致以最崇高的敬意。"

在现在这个世界，让我们向杰斐逊致以最崇高的敬意。尽管我们永远也不可能完全了解他。但事实上，我们可以审视我们对他的教义记住了多少，以及这些教义对我们产生的影响。他所起草的《独立宣言》，是讲给当时的那个世界听的，但也是穿越时空讲给我们听的。那些理念是至高无上的，就像我们这个民族信仰的基石一样，就像我们所捍卫的真理一样，就像很多来自这里的、源于托马斯·杰斐逊思想和精神的原则一样。但悲哀的是，现在很多人认为公共教育、宗教自由、言论自由、法律面前人人平等是理所当然的，已然忘记了它们也曾是新颖的、大胆的理念。

大约一年前，在华盛顿的一个夏日傍晚，我来到白宫的杜鲁门阳台上。这是杜鲁门总统20世纪40年代末在白宫南骑楼修建的一个建筑添加物。按照当时他应对媒体质疑的回答，这是为了与杰斐逊设计的弗吉尼亚大学保持一致。

要记住，是杜鲁门总统通过行政令废止了军队中的种族隔离制度。在那个傍晚，除了我之外，站在杜鲁门阳台上的还有美国武装

EXECUTIVE ORDER

ESTABLISHING THE PRESIDENT'S COMMITTEE ON EQUALITY OF TREATMENT AND OPPORTUNITY IN THE ARMED SERVICES

WHEREAS it is essential that there be maintained in the armed services of the United States the highest standards of democracy, with equality of treatment and opportunity for all those who serve in our country's defense:

NOW, THEREFORE, by virtue of the authority vested in me as President of the United States, by the Constitution and the statutes of the United States, and as Commander in Chief of the armed services, it is hereby ordered as follows:

1. It is hereby declared to be the policy of the President that there shall be equality of treatment and opportunity for all persons in the armed services without regard to race, color, religion or national origin. This policy shall be put into effect as rapidly as possible, having due regard to the time required to effectuate any necessary changes without impairing efficiency or morale.

2. There shall be created in the National Military Establishment an advisory committee to be known as the President's Committee on Equality of Treatment and Opportunity in the Armed Services, which shall be composed of seven members to be designated by the President.

3. The Committee is authorized on behalf of the President to examine into the rules, procedures and practices of the armed services in order to determine in what respect such rules, procedures and practices may be altered or improved with a view to carrying out the policy of this order. The Committee shall confer and advise with the Secretary of Defense, the Secretary

Harry Truman

杜鲁门签署的废止军队种族隔离的总统行政令

力量的最高军事长官科林·鲍威尔上将。我们眺望国家广场，从华盛顿纪念碑到杰斐逊纪念堂尽收眼底，那天的最后一缕阳光刚好照进纪念堂内。鲍威尔将军告诉我，在华盛顿，他最喜欢的就是这个纪念堂了。然后，他缓慢而又充满情感地吟诵道："我在神的圣坛前发誓，永远抵制所有企图操控人类思想的暴政。"

《独立宣言》并不是神的创造物，而是世间的人的创造物——我们永远都不要忘记，他们是极为勇敢的人。他们以生命捍卫他们的信仰，正如杰斐逊在最后一段中所写的："以我们的生命、我们的财产和我们神圣的名誉，彼此宣誓。"这里的名誉指的是他们的声誉和美名。他们一言既出，就会全力以赴。这是他们的诚信准则和领导准则。

在去世的前一年，杰斐逊将他起草《独立宣言》时用的便携式书桌送给了他在波士顿的外孙女埃伦和外孙女婿小约瑟夫·柯立芝。他向他们保证说，这个书桌虽然不是"特别漂亮"，但它的"虚拟价值"会随着时间的推移而增长。它承载着很多过去的真实历史故事。对于这个伟大的庄园，这片美丽的土地，我们无法估量它的"虚拟价值"，就像我们无法估量杰斐逊思想的创造力一样。再或者，就像我们无法估量他的崇高目标和信仰在美国人民心中持久的生命力一样。

杰斐逊的青云之志和不懈追求，一直激励着我们前行。

他喜欢谈论思想的力量。有时候，他本人看起来就像各种思想，就像各种力量。他说："如果我们一直孜孜不倦做下去，做成很多的事，那该多好啊。"他一直在为他的国家做事，而像他这样的人，从来都是屈指可数的。

本着这样的精神，我欢迎你们，我的新的美国同胞们。这个国家因你们而变得更富有。在这个新的家园，我希望你们都能多走走，多看看，读读它的历史，欣赏它的音乐，高声朗诵它的诗歌。我希望你们本着托马斯·杰斐逊的精神，对新思想始终抱以开放心态，珍视宽容与共识，珍视并热爱这片土地以及它的丰裕。

Which Way Forward

UNION COLLEGE

Schenectady, New York

1994

未来的方向

联合学院

纽约州斯克内克塔迪

1994 年

1779 年，近 1000 名社区居民发起请愿行动，要求在这里建立一所学院。当时我们这个国家甚至都还未建设成型，想想看，这是先前所从未有的，这是民众在美国发起的首次以高等教育为诉求的请愿行动。

让我们来听一下《纽约晚邮报》1795 年 2 月 24 日发自斯克内克塔迪的这则胜利报道：

由斯克内克塔迪镇的居民委任的，向纽约州立大学的

校务委员们申请在该镇设立学院的绅士们已经回来了。他

们向我们保证说，校务委员们已经同意在这里设立一所名为联合学院的高等教育机构……校园的学生听到这一消息后非常高兴，认为该州西部和北部地区的诸多明显优势将会进一步加强。为庆祝这个令人满意的结果，他们在校礼堂点亮灯火，室内光辉明亮，极大地彰显了这些年轻绅士们的品位。整个活动得体而有序。

让我们回想一下那个时间和地点：1795 年美国的总统还是乔治·华盛顿，奥尔巴尼还没有成为纽约州的首府，伊利运河开放通行还是 30 年后的事情。

历史地点：这座宏伟校园是法国建筑师约瑟夫·雅克·拉梅 1813 年设计的，这不仅是全美第一个大学校园建筑设计方案——比杰斐逊设计的弗吉尼亚大学早了 6 年，而且还代表了一种全新面貌。在美国的生活和理念中，这里的建筑物的布置可以说是一个重大事件——它不再是中世纪封闭式的、与世隔绝的四方院，而是开放学制，这与那个时代的开放精神以及联合学院传奇校长伊利法莱特·诺特的开拓性视野是一致的。这是一个面向西部直至莫霍克谷的学习场所，是一个面向广阔世界的学习场所，是一个面向广大学子的学习场所，是一个乐于接受各种理念和创新的学习场所。在周日的这个毕业典礼上，在全美第一所多教派融合学院，让我们记住：在学院总课程表还没有完成的时候，法语这门课程就已经包含在内了；

联合学院

工程学被划归到文科，这在全美大学中还是第一次；在距离南北战争近半个世纪之前，勇敢的、不屈不挠的伊利法莱特·诺特就在毕业典礼演讲中公开反对奴隶制。

从这座校园里，从以往的毕业典礼上——与今天的毕业典礼并没有太大的不同——走出来的不乏教师、农场主、作家、银行家、地质学家、天文学家、外交家、律师、大学校长、商业家、政治家、医生和军人，他们中的很多人都对美国生活产生了重要影响，有时甚至还影响了历史的进程或拓展了知识的广度。1856届毕业生查尔斯·艾略特·皮斯上尉将格兰特将军签发的投降条件书递交给了驻守在阿波马托克斯的罗伯特·李将军。同一届的另一位毕业生乔治·霍

伊利法莱特·诺特

夫发现了 600 对新双星。1820 届毕业生威廉·H. 苏厄德担任过林肯政府时期的国务卿，而 1858 届毕业生大卫·默里则担任过日本政府教育事务的主管。1848 届毕业生切斯特·艾伦·阿瑟即便不是最知名的美国总统之一，也是个子最高的、最注重仪表的美国总统之一。他坚定而友善，另外还是第一位步行穿过布鲁克林大桥的总统。

那么，1994 届毕业生将会怎样呢？在 6 月 12 日这个日子，在如此靠近新世纪的时候，美国是什么样子的？而你们即将迈入的世界又是什么样子的？我们处于一个怎样的位置？

在你们当中的很多人的父母出生之前，"冷战"就已经开始，而它对美国政策和美国生活的影响，比我们现在所知道的还要多。如今，它终于结束了。1953年"冷战"伊始，总统哈里·S.杜鲁门在其发表的全国性的告别演说中有过一段令人吃惊的预言性陈述：

随着自由世界越来越强大，越来越团结，越来越吸引"铁幕"双侧的人们，以及随着苏联任意扩张意愿的受阻，苏维埃世界将迎来一个引发变革的时刻。没有人知道这个准确的时间，也没有人知道确切的方式，这可能是革命，可能是苏联卫星国的动荡，也可能是克林姆林宫内部的改变。

无论是共产主义统治者出于自愿改变他们的政策，还是这种改变以其他某种方式发生，我都不怀疑它的到来。

我对自由世界的人们的命运有着坚定而持久的信心。凭靠耐心和勇气，我们终有一天将要迈入一个新时代。

大约40年后，这个变化到来了，而且是发生在苏联帝国内部，以一种令人吃惊的、出乎意料的方式突如其来。对于这一变化，没有人做好了准备，也没有人事先准备过。而如今，"新的时代"已经开始，似乎也没有人很清楚要做什么。

在应对世界问题方面，在外交政策方面，美国显得茫然而不知所措。有人说，由于没有了敌人，我们失去了方向感。旧有的确定性已经不复存在。

与此同时，这个国家被犯罪、毒品、贫穷、种族隔阂、艾滋病和教育匮乏等诸多问题所困扰，当然这个清单的长度还会与日俱增。与此同时，波斯尼亚和卢旺达的恐怖骚乱，海地和朝鲜半岛的紧张局势充斥着各大媒体的头版头条。有一种声音坚持认为，在妥善处理好国内问题之前，我们不可能知道如何应对国际事务。

作为一个国家，我们发现我们处于一种思前想后的忧虑状态，这是先前从未有过的。我们是谁？我们想要什么？未来的方向在哪里？我们的价值观是什么？我们只想通过财富为世人所知吗？我们拥有的比我们要做的更重要吗？

不，我不这么认为。我认为我们中的大多数人，以及世界各地的大多数人，最想要的就是做一个有用的人。做一个有用的人，并感觉到我们属于一个超越自我的更大的事物。我们现在所需要的，尤其是在当前这个世界剧变的时刻，是对这个更大的事物的共识。而我们美国人所需要的，首先是描绘国家未来蓝图的中坚力量。在这方面，作为1994届毕业生的你们，必须肩负重任。

如果问题能困扰我们，那么我们永远都无法摆脱困扰。在过去，从来都没有只是一帆风顺的黄金时代。当哈里·杜鲁门说这个新时代需要勇气和耐心时，他是基于以往经验而言的。

上个世纪，在宾夕法尼亚州约翰斯敦的坎布里亚铁厂，负责建造非传统、新型钢铁生产机器的工程师约翰·弗里茨在经过多个月的努力之后，最后说道："好了，小伙子们，让我们行动起来，看看它为什么不工作。"

基于这样一种对待问题的美国方式，我想我们会找到我们的方向。我们要警惕纯粹主义者和教条主义者。我们能走到今天，很大程度上依赖于实证方法，依赖于反复试错。美国本身就是一个试验场，这一点我们必须牢记在心。

我们能在这里，是因为早前一代又一代人的坚毅和信念。正如温斯顿·丘吉尔曾在那段特别黑暗时期提醒我们说的，"我们未曾抵达高处，是因为我们一直生长在蜜罐之中"。

但有人说，现在已经没有鼓舞人心的领袖了。事实并非如此。纳尔逊·曼德拉总统就是一个明显的例子：他是本世纪最卓越的人物之一，亦是本世纪最重要事件之一的核心人物。

在长达 27 年的时间里，他被关在监狱。有多少人能够经受得住？有多少人能够幸存下来，能够保持身体和精神的康健？在其中的 16 年里，也就是你们从幼儿园到大学毕业的那段求学时间，他被禁止看报，也不允许听广播、看电视。

然后在 1990 年，他刑满释放。他身体挺得笔直，高高地站立着，头脑清醒，目标明确。四年之后的 1994 年，也就是今年的 5 月 10 日，在全世界目光的聚焦下，他在比勒陀利亚宣誓就职，结束了长达 342 年的白人统治，对那些就像生活在公元前 9 世纪的 2000 万人来说，这象征着解放和希望。当然，我们也看到了他所取代的那位白人总统 F. W. 德克勒克的伟大之处，不论是其得体举止，还是人格魅力。

同我们的内政日常一样，我们的外交政策也需要少一些浮夸，少一些表演，少一些拐弯抹角。我们需要讲道理、说实话，需要更加努力，需要坚守我们的基本价值信仰。我们每一个人都要为我们自己的行为负责，但同时，我们也都知道，美国信条的基石是，如果没有合作，没有我们所有人的共同努力，没有齐心协力，我们就不可能取得成功。我们需要你们，1994 届的你们。我们需要你们所有的天资与活力，以及你们的理想主义。伍德罗·威尔逊说："是的，我是一个理想主义者，由此我确信我是一个美国人。"

1917 年 4 月的一个雨夜，伍德罗·威尔逊总统来到国会山，要求国会宣战。紧随其后，美国将力排"孤立主义"外交传统原则，加入遥远境外的战争，解决冲突。美国在第一次世界大战中发挥的作用被证明是决定性的。威尔逊知道，这是一条无法回头的路，因为美国承担着对世界的责任。在更残酷的第二次世界大战中，美国的力量和美国的责任都比以往更大。同样，这也是一条无法回头的路。但力量并不是关键的，关键的是责任，而责任的核心向来都是道德选择。要像这个国家的缔造者一样，要像这所学校的创建者一样，无论做什么、说什么、捍卫什么，我们一定要把它作为标准，这很重要。

让我们向你们表示衷心祝贺！你们有好的头脑，走出校园后，要利用它们，要做有意义的事情。你们面临着比以往任何时候都要多的机会，多到超出你们的想象。我们这一代人的理念是，只要下定决心去做，没有什么是做不成的。我至今仍然相信这一点。

让我们为公共教育做些事情；让我们停止对美国历史的盲目破坏；让我们净化我们的河流和天空；与此同时，让我们净化我们的语言——私人语言和公共语言以及电视广播语言。让我们停止沉默，停止过度商业化的美国生活，这种生活方式既堕落可耻，又廉价而毫无意义。

要慷慨一些——当然是说在金钱上。但更重要的，是奉献自我。多关注别人，多了解别人。在对别人做出论断之前，首先要了解他们的过往，这很重要。

多读历史，一定要多读历史。我们每一个人能走到现在，都得益于他人的帮助。正如我的朋友、纽约阿比西尼亚浸信会前牧师塞缪尔·普洛克特博士所说的，"如果你看到树桩上有一只乌龟，你就知道它不是自己爬上去的"。

多读书。要设法了解事情发生的原因，要了解事物的本质。如果你只看表面现象，那么这个世界就会变得非常难以理解，甚至会更令人不安。但如果了解了这背后的原因，那么它就会变得简单起来。

抽出时间来，背诵一首诗；抽出时间来，去野外画画，自娱自乐；抽出时间来，种下一棵树，给父亲买一瓶上好的纽约州葡萄酒，给母亲写一封信。

抽出时间来，为你的国家做些事情！

The Animating Spirit

DICKINSON COLLEGE

Carlisle, Pennsylvania

1998

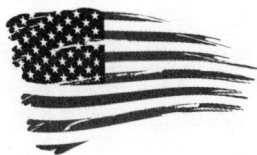

卓越的灵魂人物

迪金森学院

宾夕法尼亚州卡莱尔

1998 年

我们有着各自不同的背景。我们来自各自不同的地方，而且有些地方还很远。我们来这里是为庆祝成就，庆祝过去和现在取得的重大成就，庆祝两个多世纪前创建的迪金森学院，并参加最新一届杰出的 1998 届毕业生的毕业典礼。

我们要记住，迪金森学院的建立早于《独立宣言》的发表，早于美国宪法的颁布，早于我们这个国家的成型。1773 年，宾夕法尼亚州的这一区域是西部的边界。费城是殖民地中最大的城市，人口可能至多 3 万人。

在美国独立战争刚刚结束的 1783 年，迪金森学院就有了成立章程。这所学校的第一届理事正是在费城宣誓就职的。

学院成立仪式的举办地设在宾夕法尼亚州主席约翰·迪金森的故乡。他被推选为校董事会主席，而且你们也都知道，这所学校是以他的名字命名的。是的，身材修长、面色苍白的他，也是这所学校最大的捐赠者。

费城著名律师、《独立宣言》的签署人詹姆斯·威尔逊起草了学校章程。包括牧师、教育工作者和政界人士在内的其他校董会理事，

《约翰·迪金森》，查尔斯·威尔森·皮尔作品

《本杰明·拉什》，查尔斯·威尔森·皮尔作品

大都来自卡莱尔。

但这项计划的推动者和灵魂人物是那个特殊年代最杰出的美国人之一，来自费城的本杰明·拉什。他是一位医生、教授、爱国主义者和孜孜不倦的改革者，他推动着事物的变革。就我们这个场合而言，再没有比他更好的榜样了；就我们生活的这个时代而言，再没有谁的药方比他的更好了。事实上，我希望我能够说服你们，让你们相信本杰明·拉什是美国有史以来最杰出的人物之一。

想象一下这样一个人，在他的一生中，参加过大陆会议，签署过《独立宣言》，在华盛顿的部队中担任过军医；他为托马斯·潘恩所著的那本极具影响力的小册子取名为《常识》；他通过写作成为那个时代最著名的美国医生；他建立了美国第一家免费医务所，并将自己的很多精力用于关心穷人；他帮助建立了宾夕法尼亚第一个反奴隶制的社团，并在一篇公开指责奴隶制的论述中警告说，"要记住，国家犯罪需要国家惩罚"；他主张为女性提供更好的教育，改善监狱条件，反对死刑；他出版了美国第一本化学教科书，他还写过一本关于高尔夫球的书，这也可能是美国第一本描述该项运动的书。

宾夕法尼亚历史学会图书馆收藏有本杰明·拉什的作品全集，共计45卷。他的研究兴趣广泛，研究方向包罗万象，涵盖烟囱、地震、气球飞行、老龄化、饮食、钟表、显微镜、烹饪、体态、矿泉、良政实施和糖槭，等等。

但人无完人，他还是禁绝蒸馏酒或烈性酒的坚定支持者。

真相是，从才智上讲，他是一个牛虻式的讨人厌者。作为一名科学家，他总是急于得出结论，很难经得起推敲；作为一名医生，他的医者仁心要多于头脑和医术，当然对一名医生来说，这可能也不全是坏事。

诚然，拉什是他那个时代的人，或者更准确地说，他是他那个时代的医生：对于大多数病症，他的方法除了令人恐怖的催吐和催泻之外，就是大量放血，以至于后来的一些学者推测，他的病人才是真正的英雄。

同其他人一样，他也搞不清楚疟疾和黄热病的病因，而在那个时代，这是两种最让人害怕的疾病。

千万不要因为过去的人比我们的知识少就轻视他们，或者产生一种自我优越感。依我的经验来看，对美国建国那一代人的了解越多——我指的是那些有血有肉的而不是想象中的人，你就会发现他们越高大，你就越想知道我们已经失去了什么，或者我们即将失去什么。

在某些方面，拉什的专业医学素养没有超过18世纪的平均水平，但在其他方面，他却是领先他那个时代的，而且几乎没有人能赶上他。

他将精神病视为一种疾病，而非诅咒，在照顾精神病人的过程中，他向人们展示，善意和舒适的环境远比惩罚和道德说教更具疗效。

他痴迷于梦的解析，在这方面远早于弗洛伊德。理所当然，他被认为是美国精神病学之父。

他一直强调大陆军内部要改善卫生设施和卫生条件，以阻止疾病的传播，这是极具超前意识的。

他非常关注环境对健康的影响。他知道身体健康和精神面貌之间存在着某种关联。上个星期，我们的三所大学联合发布了一份报告，表示压力和感冒之间存在着强相关关系。而那些与朋友和家人保持着密切关系的人，得感冒的可能性最小。关于这一点，我想拉什一定是极为赞同的。《纽约时报》在该报道中使用的副标题是"朋友越多，鼻塞越少"，这可能也正是拉什想说的。

他有一个亲密无间的大家庭，共有13个孩子。这位医生也是一个非常看重朋友的人。他经常帮助朋友，而且不管多忙，都会帮助到底。约翰·亚当斯和托马斯·杰斐逊是他的两个最亲密的朋友。亚当斯和杰斐逊多年不和，彼此不说一句话，而正是在本杰明·拉什的努力下，两人才握手言和。拉什自己表示，这是他对这个国家最大的贡献之一。

他出生于宾夕法尼亚一个农场主家庭，是一个聪明而勤奋的人，是启蒙时代的典范，是一名虔诚的基督徒。所有这些，都有助于我们加深对他的了解。

他曾经说道："造福人类是我毕生追求的首要目标。"他是一个言出必行的人，一生都在践行这一理念。

在1793年黄热病流行期间，他所扮演的角色极具传奇性。当时成千上万的人因恐慌而出逃，其中也包括一些医生，但拉什仍留在城里，照顾患病、生命垂危的人。他丝毫不敢松懈，睡眠严重不足，有时连睡觉的时间都没有，每天看的病人多达100人，直到最后他自己也生病倒下。

平时，他对病人的照顾也是一丝不苟。我曾经看过费城一位名叫伊丽莎白·德林克的女子写的日记。德林克是一名贵格会教徒家庭的妻子和母亲，她有一个大家庭，家中包括两个拥有自由人身份的黑人孩子，年龄分别是7岁和11岁。有一天，这两个孩子得了重病，德林克为此忧心忡忡。

她在1794年4月8日的日记中写道："去请拉什医生，尽管路很难走，但拉什医生还是在正午前赶到了这里。"她在4月9日的日记中写道：4月12日、14日、15日、17日、22日和27日以及5月的第一个星期，拉什医生都来看望了孩子。我统计了一下，到这两个孩子脱离危险时止，他一共出诊了 15 次。伊丽莎白·德林克还在日记中写道，在此期间，她读了拉什医生借给她的 5 卷本宗教类书籍。

在繁忙的岁月中，本杰明·拉什所做的、所说的、所写的，以及他所取得的种种成就，都赶不上他作为一名教师和教育家所做出的贡献。年轻时，拉什深受那个时代一些最伟大的教育家的影响，比如普林斯顿的塞缪尔·戴维斯和爱丁堡的威廉·卡伦，他们认为教育是最崇高的使命，当然他也是十分热情地、义无反顾地选择了这一职业。他常说："审慎，是种卑鄙的美德。"

拉什认为，在一个美好社会，医生必须成为教师。作为一名医学教授，他培养了大约 3000 名医生，毫无疑问地提高了那个时代所谓的"医学训练"的标准。

此外，他还希望每个人都能接受健康教育，掌握与之相关的基本规则。在他看来，健身锻炼、合理饮食和保持卫生理应成为所有人的学习课程。

不过，在教育方面，他更看重的是他给托马斯·潘恩建议的那个词——常识。拉什毕业于普林斯顿。在他自己的毕业典礼上，时任普林斯顿大学校长的塞缪尔·戴维斯激励毕业班的学生说，"要勇敢地为你们自己这一代人做贡献"。对拉什来说，这是一个基本的常识，年轻人就应该为他们自己的时代，为他们自己的生活做准备。"我们教（孩子们）2000 年前的知识，却向他们隐藏现在日常所需的东西。"他写道。

他说，拉丁语和希腊语所占课程的比重太大了。他希望突出法语、德语等现代语言，这在当时是一个激进的想法。他希望加大对写作和演讲的重视。他鄙弃对文理科的随意划分。他对儿子詹姆斯说："有些最优秀的医生同时也是诗人。"后来，詹姆斯也成为他那个时代的著名医生。

拉什的生活中并非没有阴影和伤痛。他因"荒谬的医学体系"而受到奚落，一名报社主编称他"冷酷无情"。他被指责要为黄热病流行期间死去的成千上万人负责。他的一个儿子患有严重的精神疾病。拉什的应对方式完全符合他的个性：他以诽谤罪对那名报社主编提起诉讼，而打赢官司之后，他把赔偿款捐给了慈善团体。对于遭受疾病折磨的儿子，拉什把他送到了一家精神病医院，并让他在那里度过了余生。其间，拉什给了他无微不至的关怀和爱护。

拉什一生都过着忙忙碌碌的生活。他于 1813 年去世，听到这个消息后，约翰·亚当斯给杰斐逊写信说，"在美国，无论是在世的还是已经去世的，我认为没有谁比他做过更多有益的实事"。

拉什教导说，在所有维持良好人际关系的必备要素中，温厚的本性最为重要。他写道，"这一品质，我认为包括直率、温和，以及和任何人说话都要保持礼貌，听任何人说话都要认真。"这是那个时代的智慧之言，但也可能更适用于我们这个时代。

他说："知识，一定是跨越国界的。"看看他创立的这所学校的学生，这句话是多么契合：他们来自世界上 22 个不同的国家，而你们这届毕业班的学生，亦曾在大约 31 个不同的国家留过学。

拉什以及他的激励精神，为迪金森学院和整个教育系统设立了标准，而在我看来，这一精神包括三个组成部分：善意（或者他所说的"温厚"）；永无止境的好奇心（正是这一点，让他对所有的人和事保持着热情）；以及谨守承诺——对原则的承诺，对服务的承诺，对国家的承诺，还有就是对基本信仰的承诺，即无论是对国家还是个人来说，教育都不应处于停滞状态。这是一种跨越时空的激励精神，让我们把这种精神一直传递下去。

现在，我非常荣幸能够成为迪金森学院校友中的一员，感谢你们。同时，也感谢你们邀请我参加这样一个美妙的庆典。

请允许我在这里向 1998 届毕业生以及你们的家人表示最热烈的祝贺！如果没有之前辛勤的汗水和优异的表现，你们今天不会出现在这里。请记住，这个世界需要你们！

有人说，你们这一代人是情感淡漠的一代，你们只关心金钱，理想主义在你们这里已经褪色。

我不这么认为。

让我用德行高尚的拉什的一句话作为演讲的结尾。"美国（同英国）的战争已经结束了，"他在 1786 年时说道，"但美国革命远没有结束。相反，这仅仅是那出伟大的历史戏剧序幕的结束。"

他那时所说的，今天依然适用。

The Lessons of History

UNIVERSITY OF MASSACHUSETTS

Boston, Massachusetts

1998

历史的教训

马萨诸塞大学

马萨诸塞州波士顿市

1998 年

巴尔杰校长，彭尼校监，各位理事会成员，各位主宾，尊敬的教职员们，1998 届毕业生们，女士们、先生们：

我一直在思考这两个美好的词：大学和马萨诸塞。

大学，在拉丁语中是普世的意思。作为一种理念和理想，大学可以追溯到 1000 多年前。

马萨诸塞：这是一个美好的词，源于美国本土的阿尔冈昆语，甚至可以追溯到更早，意为"青山近处"。

把它们合在一起，就是马萨诸塞大学。这是一个多么强大的组合。有人或许会想，简直不能更好了。但加上波士顿——马萨诸塞大学波士顿分校。更上一层！

它可能永远都不会诞生。这是最重要的历史教训之一，也是最重要的生活教训之一。在各种障碍前面，倘若当初缺乏想象力、行动力、勇气、创造力和决心等众多品质，那么我们身边的很多事情可能永远都不会发生。

对于为何不应建立这所大学，似乎有很好的理由。那时已经有了马萨诸塞大学阿默斯特分校。那时波士顿已经有了很多大学，难道它们还不够吗？但有一些人不这么想，他们要建立的并不仅仅是一所公立的城市大学，而是一所拥有一流师资的一流大学，一所专为波士顿而建的大学。

他们促成了一所大学的建立，一所实力雄厚的公立大学在波士顿的建立。就像个人立身处世需要原则一样，一个重要社区的运行也需要原则，而这所大学的建立，正是基于这种合理原则——教育不应处于停滞状态。

校监彭尼写信邀请我参加你们的毕业典礼，这是我收到的最盛情诚挚的邀请函之一。若用一个词来形容这次毕业典礼，甚至堪称"神圣"。我查过词典，这是个好词，与精神或精神升华有关。

在古老的佛罗伦萨，宏伟壮观的圣母百花大教堂拔地而起。这座伟大的大教堂诞生于15世纪初的文艺复兴时期，远早于哥伦布航海探险。它不是哥特式的，也不是罗马式的。它是一座新型建筑，至今仍矗立在那里。350英尺（约合106.68米）的高度，一如既往的壮美，真正的"神圣"，令人敬畏而又向往。

大教堂穹顶的建筑师是举世无双的布鲁内莱斯基。但在称赞他的天才设计时，他说这个功劳不是属于他的，而是属于佛罗伦萨的。我希望你们能记住他的这句话。

之所以有这所大学，之所以有这个愉快的场合，功劳要归于波士顿。除此之外，归功于波士顿的，还有伟大的文学作品、建筑、音乐、重大科学进步、新思想和高尚的事业等，它们无一不拓展和丰富了美国的生活。

波士顿是美国第一所大学的所在地，是美国独立战争打响第一枪的地方，也是废奴运动的阵地。伦纳德·伯恩斯坦和马丁·路德·金就是在这里接受的教育。而从这里走出去的天赋异禀、勇敢无畏的人物——无论是象征意义上的还是实际上——又是何其之多。

在一个寒冷冬日的傍晚，一名父亲和他年幼的儿子就从海湾旁的海滩秘密出发，那个地方距离这里不到3英里（约合4.8公里）。后来，这对父子都成为美国总统。他们是约翰·亚当斯和时年11岁的约翰·昆西·亚当斯，那是1778年，美国正处于独立战争之中。

为了美国的事业，约翰·亚当斯在那个隆冬季节要跨过3000英里（约合4828公里）的海洋，寻求法国的帮助。他有无数个理由可以拒绝这一使命，他有无数个理由可以不这么做。但凡可以避免，没有人会在冬天穿越大西洋，因为敌人的巡洋舰就停泊在那里。亚当斯毅然离开家人，离开故土；放弃生计，放弃他所喜爱的一切；

《约翰·亚当斯》，吉尔伯特·斯图尔特作品

冒着生命的危险，冒着被俘获的危险，而且他清楚落入敌人手中的恐怖后果。

他感觉自己不适合当外交官，因为之前没有接受过任何训练，也没有任何经验。他不懂法语，那可是此行的外交语言。他还从未见到过一个大国的国王、女王或外交大臣，他从未到过一个人口超过 3 万人的城市。

但他还是去了。他有着压倒一切的责任感，他有着对这个国家无限的热爱，所以他一定会去的。他是外交新手，但那时所有美国人都是外交新手。他不懂法语，但他可以去学。

亚当斯在遥远的大西洋彼岸收获丰硕。他获得了重要的贷款，他在签订那份结束独立战争的《巴黎条约》中扮演了关键角色，他出任美国第一任驻英国大使。那个小男孩约翰·昆西·亚当斯，长大后去了圣彼得堡，这在当时可以说是一个史诗般的、闻所未闻的冒险经历，并由此开始了自己的外交生涯，服务于我们这个国家。

历史的教训是多方面的。

没有什么事情是孤立的，任何事情都会带来后果。

我们都是一个更庞大的事件流中的一部分，无论是过去、现在还是未来。我们都是前人的受益者，他们建造了大教堂，他们勇敢地挑战未知，他们付出了时间，做出了贡献，他们坚信思想和人类精神的种种可能性。

一位敏锐的前辈观察家写道："历史是以实例讲解的哲学。"哈里·杜鲁门喜欢说的一句话是，"世界上唯一的新事物就是你所不了解的历史。"

我们从历史中学到：早未必就比晚好；未知的事物经常会伤害我们，而且还会对我们造成严重伤害；这个世界上没有仅靠自己的力量就能取得成功的人。

历史感是针对自哀和自大的解药，在我们这个时代，这样的问题实在是太多了。很大程度上，历史是恰如其分的教训。

值得一提的是，西塞罗在公元前 60 年左右就说过，历史提醒我们，任何虚假事物都不具备持久力。

历史教导我们，人的品质很重要，品质是第一位的。

我非常感谢贵校给予我的崇高荣誉，也很自豪能够成为贵校校友中的一员。在此，谨向你们表示最热烈的祝贺！

你们之所以在这里，是因为你们付出了很多的努力。同样，我也是。

但最重要的，是你们展现出来的坚定不移的决心。我知道，你们克服了很多障碍才走到今天，而其中任何一个障碍都有可能阻断你们的步伐。

继续前进吧。如果你们的经历和我的相似，那么接下来，你们还需要读一些最重要的书目。

去阅读吧，在阅读中寻找快乐，在阅读中拓展人生宽度。多读历史，多读传记，从他人的生活中学习。读马可·奥勒留和叶芝，读塞万提斯，要尽快读，不要像我一样等到 50 多岁以后才读。读爱默生和威拉·凯瑟，读弗兰纳里·奥康纳和兰斯顿·休斯。

读威廉·巴尔杰的《让音乐持续》，这是一本充满智慧，闪耀着思想火花的书。尤其是在第 19 页，他讲述了自己的图书探索之旅。

世界需要你们。还有很多工作等着你们去做，这些都是很有价值的工作，你们会有一番作为。不管从事什么样的工作，都要认真对待，都要乐在其中。我们不要去做那种敷衍了事的人。如果你想获得成功，那就要尽最大努力。

我祝愿你们过上最充实的生活，充满爱的生活，充满成功的生活！

What's Essential Is Invisible

DARTMOUTH COLLEGE

Hanover, New Hampshire

1999

重要的东西用眼睛是看不见的

达特茅斯学院

新罕布什尔州汉诺威

1999 年

在美国担任最高职务的人中，有农场主和将军，有许多律师，有一位大学校长，有一位世界著名的工程师，有无数的职业政客，以及一位电影明星——这位电影明星绝不是唯一的演员，他也没有必要成为最好的演员。我们有六位总统来自俄亥俄州，他们都是男性，更确切地说，是白人男性。我们的总统中有很多圣公会教徒，长老会教友更多，还有一位信奉罗马天主教。亚伯拉罕·林肯身高 6 英尺 4 英寸（约合 193 厘米），是个子最高的。詹姆斯·麦迪逊身高 5 英尺 4 英寸（约合 162.6 厘米），是个子最矮的，而体重只有 100 磅。

与之形成鲜明对比的是威廉·霍华德·塔夫脱，体重达 332 磅，他也是迄今为止最胖的总统。为此，白宫不得不安装了一个定制的浴缸。有一张精彩的旧照片显示，三名安装工人非常舒适地坐在塔夫脱的特大浴缸里。塔夫脱让我们感到了最高职位的庄重，当然这未必是权力。

卡尔文·柯立芝是一位沉默寡言的总统，而西奥多·罗斯福则是一位喋喋不休的总统。

西奥多·罗斯福是美国历史上最年轻的总统。他在1901年接替遇刺身亡的麦金莱出任总统，当时只有42岁。

西奥多·罗斯福是第一位出生在大城市的总统。哈里·杜鲁门是第一位也是唯一一位出生在密苏里州的总统，同时他也是本世纪唯一没有上过大学的总统。直到吉米·卡特总统，我们才有了第一位在医院出生的总统。约翰·亚当斯是第一位毕业于哈佛的美国总统，1826年以90岁高龄去世。

美国前七任总统的总任期为48年，在他们之中，除了一对父子即约翰·亚当斯和约翰·昆西·亚当斯之外，其余都是奴隶主。也就是说，在近半个世纪的时间里，奴隶主统领美国的行政机构。

在整个19世纪，总统绰号中喜欢加一个"老"字，比如"雄辩老人"，指的是约翰·昆西·亚当斯；"老山胡桃"，指的是安德鲁·杰克逊；"大老粗"，指的是扎卡里·泰勒。在20世纪，从西奥多·罗斯福开始，使用姓名首字母变得流行起来。

我们的总统发表过大量明智的、激动人心的讲话，但另一方面，他们几乎所有人也都说过一些蠢话。比如，在谢南多厄河和波托马克河交汇处的哈珀斯·费里的一个山坡上，杰斐逊曾说这里的风景抵得上一趟欧洲之旅了；作为我们这个时代最令人钦佩的总统之一，杰拉尔德·福特曾经说过，倘若林肯活到现在，他必将虽死难安。

我们的总统们普遍对这份工作抱怨有加，并公开表示他们的不快，鲜有例外。这种情况自一开始就这样。对于自己出任新政府首脑，乔治·华盛顿说："那种感觉，就好像是罪犯被绑赴刑场。"华盛顿的继任者约翰·亚当斯在信中向妻子阿比盖尔描述自己的就职典礼时说："那的确是一个庄严的场景，而让我更感动的是华盛顿将军的出席，他的表情就像当天的天气一样，晴空万里。我好像听到他在说，'我现在完全解脱了，而你正将深陷其中，看看我们两个谁过得更快乐。'"

杰斐逊说过一句很有名的话，总统这一职业是一种"华丽的苦难"。安德鲁·杰克逊将其称之为"庄严的奴隶制"。詹姆斯·诺克斯·波尔克说它"不是一份轻松愉快的工作"。亚伯拉罕·林肯认为自己不适合这个岗位。格罗弗·克利夫兰对当时还非常年轻的富兰克林·德拉诺·罗斯福说："小伙子，我希望你永远都不要成为总统。"哈利·杜鲁门私下称白宫为"白色大监狱"。

第一夫人们对于她们自己所扮演的角色也持同样悲观态度，她们总是为丈夫所承受的巨大压力而担心。在总统这个话题上，最令人难忘的一番表述或许是贝丝·杜鲁门在一次记者招待会上做出的，而这也是她唯一一次记者招待会。我会逐字逐句念给你们听。先解释一下，这些问题是事先提交的，她是在应邀参加白宫活动的"媒体女士"的面前回答的。

"作为总统的妻子，你认为哪些品质会成为你最大的资产？"

"健康的身体和良好的幽默感。"

"你认为美国应该有一位女性总统吗？"

"不。"

"你希望成为美国总统吗？"

"不。"

"你希望玛格丽特[1]成为第一夫人吗？"

"不。"

"如果你有一个儿子，你会努力把他培养成总统吗？"

"不。"

"如果让你自己选择，你会首选白宫吗？"

"肯定不会。"

"对玛格丽特音乐的批评，你有什么回应？"

"无可奉告。"

"作为第一夫人，你有没有出现过怯场的时候？"

"无可奉告。"

---

1 杜鲁门的女儿。——译者注

"如果你丈夫不再是总统，你想做什么，你想要你丈夫做什么？"

"回独立城。"

但这种辞归故里的愿望也是有传统的，最早可以追溯到乔治·华盛顿对弗农山庄的向往。几乎每一位总统都想回到他们的故乡，或者他们这么说过。但真正离开白宫的人却是屈指可数。相反，大多数人都会竭尽全力，拼到最后一口气。

在我们的总统中，只有西奥多·罗斯福公开宣称热爱这份工作。"没有人像我一样如此喜欢总统这项职务。"他夸耀说，而事实证明也的确如此。"担任总统期间，我就要强调我的总统身份。"他说。

与总统办公机构扩张相关的话题已是老生常谈。不过，这方面的变化确实非常惊人。

在杰斐逊担任总统时，他的幕僚团队成员大概在 4 到 12 人之间。他们的年薪为 2.5 万美元，同华盛顿和亚当斯的薪水持平。再让我们看一下现在的几个统计数据。总统年薪为税前 20 万美元，但这其中包括 5 万美元的免税开销额。此外，总统还有 1.2 万美元的公务招待费。

整个行政系统的人员总数为 275 万人，这包括内阁级别的成员和相关部门雇员，工资总额为 92.5 亿美元。白宫雇员，也就是直属总统府的工作人员，在杰斐逊时期约为 6 人，现在为 382 人，薪水总额为 164 万美元。

总统特殊待遇包括一架直升机、空军一号，以及由35辆豪华轿车组成的车队。白宫设施中包括游泳池、网球场、健身馆、保龄球场，而在克林顿政府时期，还增设了慢跑跑道。总统配备有两座电影院、各种录制设施和一座图书馆。如果总统需要，军方还可提供乘用马匹。总统配有一辆私人的、装甲版普尔曼座驾，以及大约2000名随时待命的特勤人员，以提供安保服务。

还应指出一点，总统及其家人是免费住在白宫的。白宫每年的维护和运营费用达800万美元，此外还需要超过100名的女工、厨师、管家、园丁和电工。另设有负责电子邮件的系统管理主管1名，礼品部主管1名，白宫礼品店副主管1名，夜间数据录入团队负责人1名，等等。

再就是戴维营总统度假胜地，但多位总统几乎没有使用过这座设施。比如，哈里·杜鲁门就认为这个地方乏味无趣，希望永远都不去那里。戴维营每年的运营成本约为100万美元。

要想了解白宫近年来运营规模上的变化，最佳指标之一就是看总统访华，这已经成为美国必不可少的外交活动。据《纽约时报》的数据，理查德·尼克松总统1972年访华时，这也是美国总统首次访华，随员人数为300人。三年后，福特总统访华时，随员人数为450人。1984年，罗纳德·里根总统访华时，随员人数为600人。然后在1989年出现了一个暂时性下滑，是年乔治·布什总统访华，随员人数回落到500人。但比尔·克林顿总统1998年访华时，随员

西奥多·罗斯福在巴拿马运河

人数超过了 1000 人。

正如约翰·斯坦贝克所写的，"我们给总统分派了过多的工作，我们让他承担过多的责任，承受了过多的压力"。但同时，我们也赋予了他更大的权力，其权力之大，远超过人类历史上任何人，而与之相伴相随的，是耀武扬威，是权力炫示。无论是英国的国王还是古代东方的君主，其所表现出来的重要性都不如现代的美国总统——自托马斯·杰斐逊去国会山宣誓起，这种情状已经持续很长时间了。

20 世纪的第一位美国总统是西奥多·罗斯福。他是一个特立独行的人，与以前所有的总统都不一样，而且上台时刚好是世纪之初。值得注意的是，也正是从那个时代起，得益于技术进步，报纸和杂志已经可以翻印照片。很快，西奥多·罗斯福成了美国历史上拍照最多的总统，而且这些照片通常都不是摆拍，这得益于照相技术的提升。其中有他和家人的合影照片，他翻身上马的照片，他徒步旅行的照片，他打网球的照片。铁路大亨詹姆斯·J. 希尔很不喜欢罗斯福，说他只会摆姿势拍照和领薪水。

那是一个让总统着迷的摩登时代。西奥多·罗斯福是第一位乘潜艇下水的总统，也是第一位乘飞机上天的总统。白宫这个名字，也是他最先开始叫的。最重要的是，他把自己视为一名世界领袖。他宣称，美国必须在世界上扮演重要角色，除此之外，别无选择。

他毫不掩饰对总统权力的追求和热爱，并充分地、创造性地运用这一权力。他说他热爱权力，是因为权力可以帮他做事。

为急于展示美国海上力量，西奥多·罗斯福决定派出舰队，进行全球友好访问。当被告知国会拒绝拨款时，他说他手上有足够资金支撑舰队进行去程访问，至于要不要让他们回来，那就是国会的事情了。

对很多人来说，西奥多·罗斯福就是那位修建了巴拿马运河的总统。他自己也认为这是他最应该被记住的地方。这条运河是美国在境外开展的最大规模的项目，也是具有世界意义的项目。这是美国历史上最伟大的成就之一，让整整一代人充满了自豪感。没有哪个国家有意愿或资金开展如此庞大的工程，也没有哪个人像这位白宫主人一样，认为这样做是对的。

1906年，西奥多·罗斯福前往巴拿马视察工作，这也是美国在任总统第一次离开国土。正如所料，他是乘坐战列舰去的。在施工现场视察的那段时间，是他一生中度过的最快乐的日子之一，而现在来看，那也是一种经典——他是完全为那个时代而生的总统。那个在世界任何地方都不曾见过的景象，彰显的是美国技术、美国机械、美国财富和美国政治权力，这是一项挑战大自然的工程，是"哥伦布的梦想"，是前往印度的通道。

在现场的每一个清醒时刻，罗斯福都被拍了下来。这种给总统拍照的重大机会，在历史上还是第一次出现。照片成为那个时代的隐喻。在任何可能的情况下，西奥多·罗斯福都会去操控那台重达

95吨的比塞洛斯-伊利蒸汽铲，这也是那个时代功率最大的蒸汽铲，不过他穿的是洁白无瑕的亚麻套装。正如他对美国人所说的，他作为总司令来到这里，操控"有史以来最大规模的工程"。

但也应该记住，正如他所说的，巴拿马地峡是他通过高压手段从哥伦比亚这个国家"抢来"的。他在一次演讲中表示，"我抢来了地峡，开始开凿运河，然后让国会非议我，而不是非议运河"。这是赤裸裸的傲慢，也是赤裸裸的真相。而这个国家，碰巧就喜欢这样。

与他之前的总统相比，西奥多·罗斯福是最受欢迎的，而在他之后，也鲜有人能够像他一样抓住大众的想象力。他以一个真实的自我给予了这个国家一段美好的时光。但重要的是，他利用了自己的这种受欢迎度。这种利用，并不仅仅是为了继续保持自己的受欢迎度，而是为了做实事。对他来说，这是可以利用的权力。

在1902年的无烟煤矿大罢工中，他采取了不同于以往任何一位总统的做法，首次让政府行政部门介入到劳动仲裁中，最终平息罢工，并由此改变了美国的劳资关系。

但他并不局限于此，他介入了几乎所有的领域。他是一个热情奔放的、自信的、充满创意的和兴趣广泛的人，而且几乎手不释卷：他不仅读书，他还写书，他亲自写致国会的咨文，写演讲稿。

在担任总统近8年的时间里，他发起了第一宗针对企业垄断的反托拉斯诉讼案，并获成功；他让海军的规模翻了一番；帮助调停了日俄战争；建立了5个国家公园，这其中就包括大峡谷国家公园，并首次让环境保护成为一种潮流。

伟大总统通常都是那些在大动荡时期任职的总统。如果不是因为有西奥多·罗斯福这样一个表现卓越的例外，它可能会成为一条铁律。罗斯福执政期间并没有出现危机，而事实上，他也可以轻松做一个随波逐流的总统，就像他之前的一些总统一样。但关键一点是，他是西奥多·罗斯福。

在历史的中心，在历史张力的重要组成部分中，是人性的神秘性。而人性——或者说个人的人格、天性，随便怎么叫——在理解总统职位及其权力时，理应作为一个主要的考量因素。

罗纳德·里根

富兰克林·D. 罗斯福

你们可能会记得圣 - 埃克苏佩里的《小王子》中的一个场景：那只狐狸说，重要的东西用眼睛是看不见的。它同样适用于总统权力这个宏大主题：在很大程度上，它是看不见的。

总统权力与个人人格的方方面面都有关联，而在人格方面，则没有现成的衡量标准——华盛顿的诚实，林肯灵魂的深度，哈里·杜鲁门的勇气。或者，回想一下约翰·F. 肯尼迪在新闻发布会上的风采，回想一下罗纳德·里根在电视摄像机前的风采，而他几乎在任何情况下都充满魅力。

如果我们能够把总统权力放到一口锅里，然后一直熬制，最后我们会发现剩下最多的是语言，是语言的运用，是文字的力量。说服力是一种真正的力量，而仅有很少的几位总统拥有这一力量，比如林肯、西奥多·罗斯福、伍德罗·威尔逊和富兰克林·罗斯福。还有约翰·F.肯尼迪，他的就职演说不仅让那个时代的美国振奋，而且现在依然让我们振奋。语言超越了时空。

有时候，总统的一句话——甚至是简单的一句话——就能创造奇迹。比如，吉米·卡特在就职典礼上说："于我和我们的国家而言，我感谢前任总统为这个国家疗伤止痛所做的一切。"这对我们国家来说是一个多么美好的时刻。它让新的卡特政府驶入了正确的轨道。虽然那种美妙的感觉并没有持续很长时间，但在那个时刻，恰到好处。

下面是总统就职演说中我最喜欢的一段话之一，不知道你们知不知道是谁说的？"我们怎能爱我们的国家而不爱我们的同胞呢？要爱他们，在他们跌倒时伸把手，在他们生病时帮助他们治病，为他们提供机会，让他们实现自我，实现事实上的而非理论上的平等。"说这段话的是罗纳德·里根。

而关于肯尼迪的演讲，有一点让我耳目一新：他几乎从不谈论自己。在他的演讲中，第一人称单数几乎没有出现过，而其他人称代词倒是非常之多。我想这也是他深受欢迎的重要原因之一。

西奥多·罗斯福称总统职位是"天字第一号讲坛"，并认为这个讲坛是总统权力的实质所在。

哈里·杜鲁门有一次在气头上也说过类似的话，对整个总统权力概念加以驳斥：

> 除了难以承受的行政负担之外，总统还受到说谎者和煽动者的种种攻击。人们永远都无法理解，为什么总统不动用他所谓的高高在上的权力让他们守规矩呢？好吧，总统就是一个被美化了的公关人员，他的工作就是讨好、奉承并推动人们去做他们该做的事情。

杜鲁门既不是一个绝顶聪明的人，也不是一个口才上佳的人。他没有那种天赋，无法通过语言让我们这个国家行动起来，无法通过语言激励我们去做更宏大、更高尚的事情，无法通过语言让我们实现"与命运的交会"，而前任总统富兰克林·罗斯福就能做到。面对有史以来的最严重的大萧条和最恐怖的战争，他充分展示了自己的语言天赋。

然后，几乎在一夜之间，政府的规模、范畴以及开支都出现了等比例增长，而总统的重要性或者说总统权力的重要性，也随之强化。今天的很多人都难以想象，在20世纪50年代，美国既不是一个富国，也不是一个军事强国。它的军事实力排在全球第26位，落后于瑞士和阿根廷。大约40%的美国家庭的年收入在1000美元以下。我要提醒一点，这并不是在 200 年前，我们在座的很多人对此都有记忆。美国作为一个富裕的、强大的民族国家和全球第一军事强国，相对来说，时间还不是很长。

1945 年杜鲁门担任总统后，接踵而至的是核武器和"冷战"，

哈里·杜鲁门和贝丝·杜鲁门

设立中央情报局，设立国家安全委员会，新成立国防部，建立北约，以及同苏联进行的可怕的、不断强化的军备竞赛。

在杜鲁门看来，总统的首要职责是做决定，而作为总统，他也做出了一些最艰难和最具有深远意义的决定。你可以说他不够聪明，口才欠佳，但他是一个有勇气的、有原则的人。在这位总统身上，肉眼看不到的是他的品格。

此外，他有时还会以激烈的方式宣示，总统必须在宪法框架下行使权力——也就是他通常所说的"职权"，而一个总统所能做的，无非是签下他的名字罢了。

他做出的最轰动的、最有争议的决定就是解除道格拉斯·麦克阿瑟将军的军职。这个决定的做出有一个完美的前提，那就是按照美国宪法规定，总统是三军总司令。他的下属麦克阿瑟曾公然抗命。而事实上，如果你翻阅档案，你会惊讶杜鲁门为什么没有早点解雇他。这一事件在全国上下激起义愤。很多人热切地认为，麦克阿瑟是真正的美国英雄，是他那个时代最伟大的美国人，但打倒他的却是小个子哈里·杜鲁门。当然，答案是哈里·杜鲁门是总统，而随着时间的推移，这个国家迟早会发现他这样做是对的，虽然当时他的支持率大幅下跌。

在勇敢行使行政权方面，另一个著名例子是杜鲁门签署的关于废止军队内种族隔离的总统行政令，这也是他做出的最令人钦佩的决定之一，但在支持率上，他同样冒了巨大风险。要记住，那是

1948 年，是一个大选年。朋友和顾问警告说，如果他坚持这项民权计划，那么在 11 月必定会输掉选举。杜鲁门的回应是，为一项有益的事业，他愿意输。作为总司令，他不需要国会的授权，他要做的就是拿起笔签下自己的名字，而且他也是这样做的。

关于行使总统权，另一个离我们更近的例子是杰拉尔德·福特赦免理查德·尼克松。这是一个勇敢而又颇受争议的决定。但我认为，这同样是一个正确的决定——对于这个国家，而不是福特的政治命运而言。

在我看来，应该讲，我们的总统选择不去做什么，同样体现了他们对总统权的行使和长远智慧。而对于他们选择不做什么，我们并没有给予足够的赞誉。

在许多国人要求对法国作战时，约翰·亚当斯选择了不开战。从政治上讲，选择开战对亚当斯来说很容易，而且对他个人也极为有利。但他知道，对一个步履维艰的新生国家来说，战争是它最不需要的。所以，他选择拒绝，因而也就避过了战争。

面对巨大压力的杜鲁门并没有同意在朝鲜战场上使用原子弹。德怀特·艾森豪威尔选择不卷入越南战争。这些都是极为重要的决定。

有时我在想，我们是不是太刻意关注我们的总统了；如果我们稍稍放松一下注意力，会不会更好？但另一方面，我不认为我们能够完全了解他们，尤其对他们成为总统之前的了解。当然，真相是，谁入主白宫确实会带来巨大不同。

The First to Reside Here

CEREMONY OF THE 200th ANNIVERSARY

OF THE WHITE HOUSE

Washington, D.C.

2000

首位入主白宫的总统约翰·亚当斯

白宫二百周年纪念庆典

华盛顿哥伦比亚特区

2000 年

　　总统先生，尊敬的各位来宾，女士们、先生们。第一位入住时称"总统之家"的总统是来自马萨诸塞州昆西市的约翰·亚当斯。那是 1800 年 11 月 1 日，星期六，他在中午时分抵达这个门口，大概也是现在这个时间。和那时相比，现在完全变样了。华盛顿这座联邦城那时候还根本算不上城市；国会山仅完工一半，而在它周围，除了少数几家无名无号的商店和旅馆外，大多是树桩和沼泽。

　　这座宅邸离完全竣工还差很远。所有的壁炉都生着火，是为了烘干灰泥。只有少数几个房间是已经准备好的。楼层间只有一段弯弯曲曲的后楼梯。虽然总统的家具已经从费城运了过来，但摆放在那些巨大的房间里，显得微不足道。墙上唯一的画像是吉尔伯特·斯图尔特创作的乔治·华盛顿的全身像，至今仍挂在东厅。

这些美丽的地板还不存在。那是一种不同的布置，那是一个不同的国家，那是一个不同的时代。而在那个时代，任何人去任何地方，包括美国总统在内，都无法给出确定的时间。所以，在那个具有历史意义的早晨，两名正在这里巡查工作的地区专员望向窗外，面对恰好看到的一幕，他们说，"这就是美国总统"。这位总统刚刚乘坐马车赶到这里。

陪同他的有他的秘书比利·肖；仆人约翰·布里斯林骑马同行，他后来成为白宫的首位管家。仅此二人而已。没有仪仗队，没有乐队，没有其他任何随行人员。但穿过这一道道门，最先住在这里的那个人是什么样的呢？而在他之后，迄今为止，又有 39 位总统先后成为这里的主人。

两天前的 10 月 30 日，在从费城出发的途中，亚当斯刚刚庆祝了自己 61 岁的生日。他的身高约为 5 英尺 7 英寸（约合 170 厘米），在那个时代算中等身材，人很壮实。他站得笔直，双肩舒展。他已经习惯了堆砌石墙和收获干草。他是农场主的儿子，四代人都是朴实、虔诚的新英格兰农场主，他对此引以为豪。

为了他的国家，亚当斯在战争期间出使欧洲，与同时代的其他美国人相比，他去的地方更远，面临的处境更险恶。正是在约翰·亚当斯的努力下，美国才从荷兰获得了战争急需的贷款。他是标志着独立战争结束的《巴黎合约》的签字人；而作为新成立的美利坚合众国的外交使节，他是第一位出现在英国国王乔治三世面前的美国人。

此外，他还是目前世界上仍在使用的最古老的成文宪法——马萨诸塞州宪法的起草者。这一州宪法比我们的国家宪法早了10年，而且对后者产生了重大影响。他是我们的第一任副总统，是乔治·华盛顿总统的副手，并于1796年击败老朋友托马斯·杰斐逊当选总统。

约翰·亚当斯是一个傲慢、自负、易怒且脾气暴躁的人。但同时他也是一个睿智、善良且幽默的人，一位负责的丈夫和父亲，一个非常健谈的人，毕其一生都是如此。他喜欢堂吉诃德，喜欢英文诗歌，他每次外出都会随身带着书。

他从来都不是一个有钱人，而在担任过总统的美国建国"国父"中，他也是唯一没有奴隶的，这是他的原则。在爱情方面，约翰·亚当斯可以说是一个运气极佳的人，他娶的是阿比盖尔·史密斯·亚当斯，那个伟大时代最杰出的女性之一。他们彼此间的通信都是珍贵文物。

约翰·亚当斯是那个喧嚣动荡时代的伟人，也是一位非常有原则的总统。在签署臭名昭著的《关于处置外侨和煽动叛乱的法令》问题上，他虽然犯下了严重错误，但凭着良好的判断力、决心和勇气，他阻止了美国与法国之间的战争，这确实是一项非常伟大、有着深远影响的成就。

除此之外，我们也不要忘记，是约翰·亚当斯提名乔治·华盛顿出任大陆军总司令；是约翰·亚当斯坚持让杰斐逊起草《独立宣言》；是约翰·亚当斯使得约翰·马歇尔成为最高法院首席大法官。作为一名"伯乐"，他卓越非凡。

在那个很久之前的 11 月，阿比盖尔·亚当斯并没有和她的丈夫一起到达这里，她是两个星期之后才到的。阿比盖尔一直没有搞清楚这座宅邸的规模。她称它为城堡，而洗好的衣服，她会晾在当时还没有完工的东厅。亚当斯夫妇在这座宅邸住了不到四个月，而对他们来说，这并不是一段快乐的日子。亚当斯先是获知他在竞选连任时败于杰斐逊，而那场总统选举可能是美国历史上最不道德的一次选举。几天之后，他和阿比盖尔又收到了一个令人极度痛苦的消息——他们的二儿子查尔斯·亚当斯在纽约死于酒精中毒。

在那个时代，在白宫的那种生活条件下，一般人会选择拒绝入住。但亚当斯夫妇并没有任何抱怨。1801 年 1 月 1 日，他们在这里举办了首个新年招待会，那也是一次开放参观日活动。

在住进这座宅邸的第一个晚上，约翰·亚当斯简单吃了晚餐之后，就早早休息了。我们可以想象一下当时的画面，他拿着一根蜡烛，沿着弯弯曲曲的后楼梯走进卧室。第二天早上，他坐在二楼的办公桌前，给阿比盖尔写了一封非常著名的信。富兰克林·罗斯福对那封信赞赏有加，并将其中的两句话刻在了国家宴会厅的木制壁炉

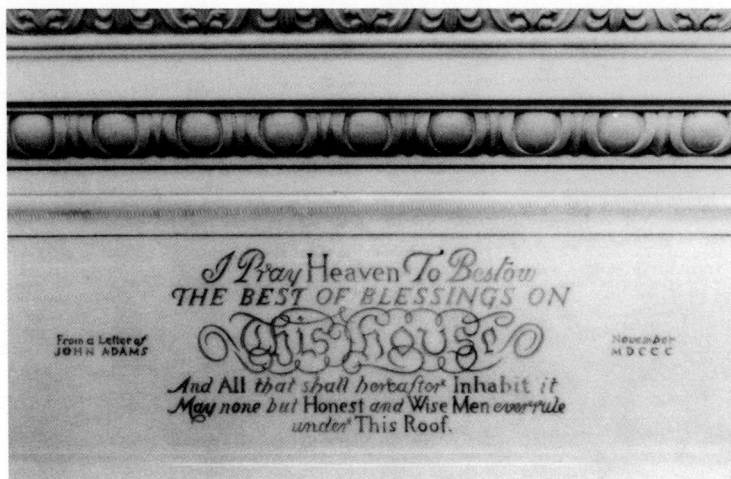

白宫壁炉架上铭刻的约翰·亚当斯的话

架上。后来在改建白宫时，哈里·杜鲁门坚持要求将这段铭文保留在现在这个位置。

在约翰·F. 肯尼迪担任总统时，他把亚当斯的这两句话刻在了大理石壁炉架上。亚当斯写道："我祈祷，上天赐福给这座宅邸及所有日后居住于此的人。愿这里的主人皆为诚实明智之辈。"

25 年后，约翰·亚当斯以 90 岁高龄去世。

在约翰·亚当斯去世的前几天里，昆西的乡邻组建了一个代表团来拜访他。这位老总统坐在藏书室的扶手椅上，代表团成员问他能否送给他们一句祝词，用于 7 月 4 日在该镇举行的庆典活动。亚当斯说，"我送给你们的是，永远独立"。在被问及是否还要加其他内容时，他说，"一个字也不加"。

这就是那位最先入住白宫的人。如果他和阿比盖尔能够看到我们今天聚在这里，我想他们肯定会非常高兴。他们会看到他们深爱的这个国家依然独立，依然团结，依然繁荣，依然强大，依然自由，而这座宏大的旧宅邸看起来又是如此美丽壮观。或许，他们今天就和我们在一起。

History Lost and Found

NATIONAL TRUST FOR HISTORIC PRESERVATION

CONFERENCE

Providence, Rhode Island

2001

漫谈历史：迷失与发现之间

国家历史保护信托基金会会议

罗得岛州普罗维登斯

2001 年

木匠厅位于费城远离车流的第三街和栗树街之间，沿着木匠庭院前行约 200 英尺（约合 61 米）即达。对我来说，这是全美国最意味深长的建筑物之一。

木匠厅距离费城的独立厅和国家独立历史公园都很近。但很多人从旁边走过，却对它视而不见，这真是令人惋惜。它的建成时间早于这座教堂 [指罗得岛州普罗维登斯的第一浸信会教堂] 的开工时间。它们是同时代的建筑物，透露出相近的平衡感和光感，而平衡和光亮是启蒙时代的两大主题。

木匠厅由费城致力于提升建筑精湛工艺与完整性的木匠公司建

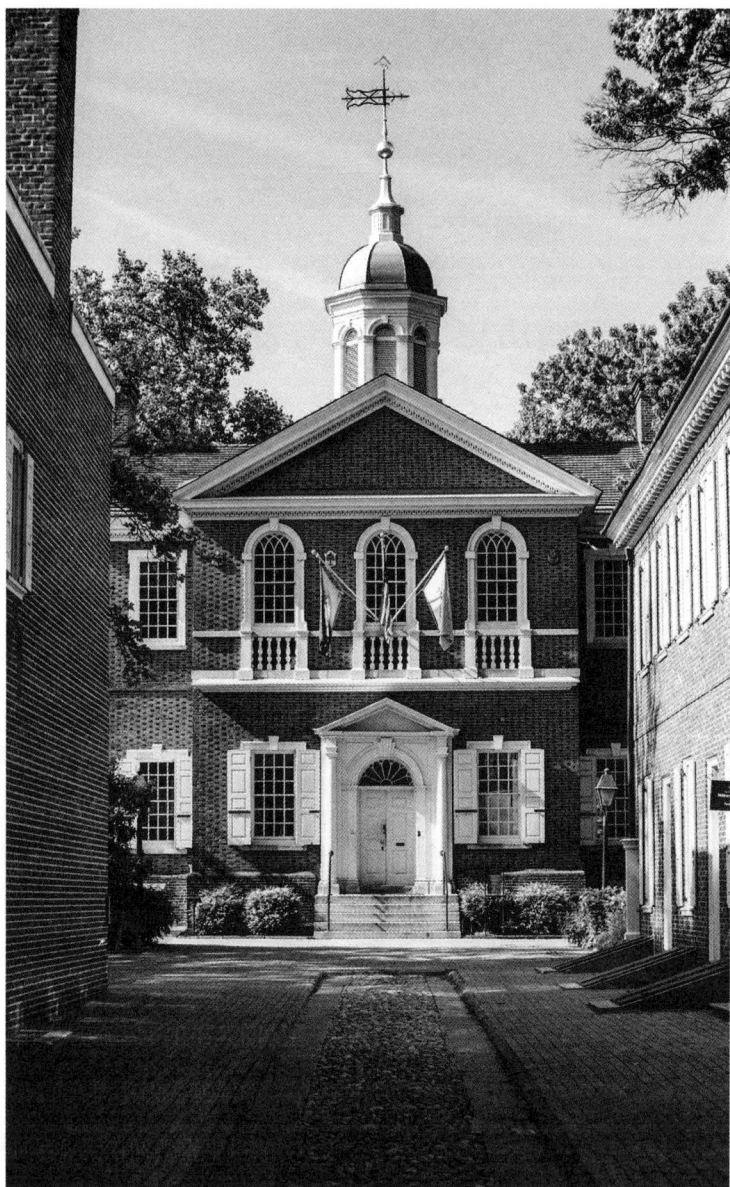

费城木匠厅

造。费城木匠公司至今仍是木匠厅的所有者。本杰明·富兰克林正是在这里的楼上创办了他的图书馆公司，该公司后来成为美国的第一家公共图书馆。这个集宗教信仰自由、阅读和学习等功能于一体的，免费对公众开放的机构，无疑可以归于我们最伟大的公共机构之列。

更重要的一点，木匠厅是 1774 年夏天召开的第一次大陆会议的会址。这是个很小的地方，但却是个伟大的、无比重要的起点。它只有 2500 平方英尺（约合 232 平方米），将其装在我们今天所在的这个礼堂里绰绰有余。

当你们站在那里，站在那个非常真实的地方，你会对那段时间、那段历史产生一种身临其境的感觉。

约翰·亚当斯是 1774 年齐聚木匠厅的 56 位代表之一。正如他给时在马萨诸塞的妻子阿比盖尔·亚当斯的信中写到的，他认为这是有史以来最伟大的头脑参加的最伟大的秘密会议之一。他为会议上展现出来的广泛才智而深深折服。"欧洲十余个交战国的大使的辩论技巧，或者教皇选举会议上的红衣主教的辩论技巧……都不及我们见过的那些人。"与会者的雄辩和犀利是首屈一指的。"每一个问题都得到了充分讨论，而会议上的那种犀利和缜密丝毫不亚于伊丽莎白女王的枢密院。"他写道。（在 18 世纪，夸张手法是生活乐趣的重要组成部分。）

但就手边的问题进行了一个月的辩论之后，亚当斯说，这种"犀利和缜密"已经让他处于崩溃的边缘，已经顾不上会议的重要性了。大陆会议进入到语言难以形容的单调乏味阶段。"这是前所未有的一次集会。每一位与会者都很伟大，他们是演说家、评论家、政治家，所以每一个人在每一个问题上都必须表现出他的演说、评论和政治能力。

"结果就是，整个会议过程令人疲惫不堪，时间被无限延长。我相信，如果让我们就 3 加 2 等于 5 等这样的简单问题做出决议，我们也一定会围绕这个问题，从逻辑和修辞、法律、历史、政治和数学等方面进行长达两天的辩论，然后全体一致通过。"

手里拿着这样一封信，放到眼前，就像当年的阿比盖尔·亚当斯一样，或者拿着她写给丈夫的信来读，这是我们和我们的先辈之间实实在在的接触。再没有什么比这更真实的了。你感受到的是他们的离去，你感受到的是你与他们之间的共同纽带。

亚当斯的信件几乎全部收藏于马萨诸塞历史学会。这些信是写在布浆纸上的，所以只要保存得当，它们会永远流传下去。而这种体验对学生们的重要性，对学者们的重要性，以及对我们所有人的重要性，都是无可替代的，就像我们在木匠厅或这座教堂中的真实感知一样。

有人或许会说，这些建筑物、那些人，根本就不是过去的一部分；有人甚至还会说，根本就没有所谓的过去。亚当斯、托马斯·杰斐逊、乔治·华盛顿，他们不会走来走去说："生活在过去是不是很有趣？我们是不是很真实？"那就是"现在"，是他们的"现在"。

那不是我们的现在，而是他们的"现在"。我们必须了解这一点。

再者，他们也不像我们一样。他们的现在是另一时代的组成部分，而也正因为如此，他们是不同于我们的。我们一定要考虑到，比如他们当时所必须面对的而我们现在连想都没有想过的问题——所有的不便，所有的不适，所有的恐惧，以及他们异常艰苦的工作等。

仅阿比盖尔和约翰·亚当斯之间的通信就多达1000余封。阿比盖尔自己留下了超过2000封信。想想吧。然后你再看看她的一天是怎么度过的：早上5点钟起床，叫醒女佣，准备早餐，生火，喂牲口，以及在丈夫不在的时候照看农田。这样的日子加起来长达10年。

他们是那个时代最忠诚的两位爱国者，为这个国家付出了他们的一切。"我在想我们的后代会不会记得我们为他们所承受的这些苦难。"阿比盖尔写道。

由于学校已经关闭，她不得不在家中教育孩子。她要应对持续的物资短缺和无法控制的通货膨胀，有时候，她还要独自沉着应对各种传染病、痢疾和天花的威胁。

有一次，她带着家中所有的孩子以及多名亲戚和邻居，总共约17人前往波士顿接种天花疫苗。这是一个非常危险但也是非常勇敢的决定，因为得天花的人即便能够幸存下来，那种随之而来的痛苦和悲惨的境遇也是任何人都不愿意承受的。由于与丈夫通信困难，而且又慢，她不得不自己做出这样的决定。

《阿比盖尔·亚当斯》，吉伯特·斯图尔特作品

　　然而，在布伦特里农场结束漫长一天的辛劳之后，大约夜里 10 点或 11 点钟，阿比盖尔·亚当斯会坐在生有炉火的案桌旁，拿起羽毛笔，写下那个时代最富有思想性、最生动有力的一封封信件。

　　她住的那栋房子还在那里。这是她结婚后住的地方，而在约翰·亚当斯为国四处奔波的独立战争期间，她也一直住在这儿。他们的第一个儿子、我们的第六任总统约翰·昆西·亚当斯也是在这里出生的。如果你去那里，你会发现那栋房子是那么矮小，又是那么坚固。隔壁房子与这栋房子大致相同，是约翰·亚当斯出生的地方。这两栋平常的、坚固的、新英格兰式的非对称双坡顶房屋就在路旁。亚当斯的第三栋房子，也就是人们通常所说的那栋"老房子"，面积更大一些，1788年卸任外交职务从欧洲返回美国后，约翰和阿比盖尔就住在这里。

再有就是他们在巴黎住过一栋豪华住宅。亚当斯在阿姆斯特丹也住过一段时间，此行是为从荷兰获取独立战争所急需的贷款，当时他还差点在那里死于高烧。

亚当斯和阿比盖尔在伦敦住过的宅邸，现在也还在，那时他是美国派驻圣詹姆士宫的首任大使。那座宅邸已是格罗夫纳广场仅存的一栋18世纪建筑。谈起建筑就容易让我们想起历史，想起托马斯·潘恩、托马斯·杰斐逊、查尔斯·布尔芬奇、本杰明·韦斯特、约翰·特朗布尔等。

我们仍可以在费城找到亚当斯和杰斐逊留下的印记；我们可以在木匠厅、独立厅、鲍威尔之家和老基督教堂找到亚当斯、帕特里克·亨利、乔治·华盛顿和保罗·里维尔留下的印记；我们可以在白宫找到亚当斯夫妇留下的印记——要知道，他们是最先入住白宫的人。所有这些建筑，所有美国的这些遗址，都是对遥远过去和那些非凡人物的真实见证，都能够激起我们的回忆。他们就在这里，同我们在一起。而如果没有这些建筑，我们和他们就不会以这样一种方式相见。

想象一下，如果没有了历史建筑，如果没有了历史遗址或者历史遗址屈指可数，那会怎样？如果没有了葛底斯堡战场，没有了布鲁克林大桥，没有了法纳尔厅，没有了巴拿马运河，没有了基蒂霍克，那会怎样？这个名单可能会很长。同其他很多历史建筑或遗址一样，稍不注意，它们中的任何一处都会被毁掉。

我们美国人打招呼时会说："有什么新鲜事吗？"没有人说："有什么旧事吗？"（当然，因循守旧者可能会说！）

此时此刻，我们认为我们生活在一个艰难的充满不确定性的时代；我们认为我们处在集体忧虑中；我们认为我们的领导人正面临艰难的抉择。但这一切又似乎从来如此。

约翰·亚当斯 1774 年动身前往费城时，他知道就在之前一年，这座城市中超过 300 人死于天花。当然，其他代表和他一样，也都知道这个事实。

当时也没有十足把握成功，亦没有广泛的民众支持。如果 1776 年在费城进行一次民意调查，他们会完全放弃独立这个想法。三分之一的人表示支持，三分之一的人表示反对，而剩下的三分之一，按照一贯的人性，他们会坐等看谁最终胜出。

在我们现在生活的这个世界，人口超过 1000 万的城市已经有 20 个。而当时北美殖民地的总人口仅有 250 万。当时美国最大的城市费城的总人口是 3 万，依照我们现在的标准来看，那就是一个小城镇。

在大陆会议投票赞成独立的那个星期，英军 3.2 万人登陆斯塔滕岛。换句话说，英军登岛人数超过了我们最大城市的总人口数。当代表们在《独立宣言》上签下名字，并"以我们的生命、我们的财产和我们神圣的名誉"起誓时，他们不是说说而已——每个人签下的都是一纸军令状。他们庄严宣告起义，叛变大英帝国。

来自罗得岛的代表斯蒂芬·霍普金斯是一位患有麻痹症的老人，当他在《独立宣言》上颤巍巍地签下自己的名字后，他说："虽然我的手在颤抖，但我的内心无比坚定。"这是我最喜欢的场景之一。

我们刚刚经历一个我们毕生都不会忘记的事件。令人伤心的、悲痛的、悲伤的"9·11"将会永远留在我们的脑海里。我相信我们

斯蒂芬·霍普金斯在《独立宣言》上的签名

每个人都会有这样一种经历，那就是早上醒来时，大约有 30 秒，也可能是 1 分钟或 1 分半钟，这个事没有出现在我们的脑海中。然后它突然就闪现了，瞬间想起这一事件。

如此大规模的袭击，如此大规模的犯罪，如此大规模的建筑轰然倒塌；而且就发生在我们的面前，就发生在我们的本土，就发生在和平时期，我们永远都不会忘记！

有人说一切都发生了变化。但一切又都没有改变。这是一个明显的事实。我们仍是这个世界上最强大的、最多产的、最富有的、最具有创造性的、最善于发明的和最慷慨的国家；同时也是这个世界上最自由的国家，亦是有史以来最自由的国家。

我们拥有远超出我们想象的资源，而其中最宝贵的就是我们的头脑。现在，我们不仅拥有充足的人力资源，而且也正在充分利用人力资源。自"9·11"事件以来，我们有太多值得自豪的地方。我们看到了真正的、真实的爱国主义的复兴，这是我们一生中所从未见过的，或者至少在过去的 50 年里是没有见到过的。

我们记忆中那个分歧最严重的国会，已经变成了我们所见到的最团结的国会，至少目前是这样。所有这些都是我们可以利用的。而且，我们有了一个长远的、至关重要的、取之不竭的力量源泉。这个力量源泉就是我们的过去，我们的历史，我们是谁，我们是如何走到这一步的，以及我们所有的经历和我们的成就。

The Bulwark of Freedom

OHIO UNIVERSITY

Athens, Ohio

2004

自由的堡垒

俄亥俄大学

俄亥俄州阿森斯

2004 年

　　对于所有高度重视教育价值和精神生活的人们，对于所有认为我们伟大的求学殿堂是美国生活中最高、最重要成就的人们来说，这样的典礼就是一场无比光荣的盛事。而我能够参加，备感荣幸，因为我们在这里庆祝的，既是俄亥俄大学历史性的一年，也是即将获得学位的重要日子。

　　历史既是现在也是过去，既是今天也是昨天。这所大学创立于1804 年，距今已经很久远了，尤其当我们以过去两个世纪所发生的一切为衡量标准时。1804 年，托马斯·杰斐逊是白宫的主人，刘易斯与克拉克的英勇征程正在进行中，亚伯拉罕·林肯还没有出生。

我们说，这是过去的一部分。没有人活在过去，所有人都活在当下。人们常说的一句话——"时不我待，只争朝夕"，写于1696年。这或许是你们蛮有兴趣知道的。

现在是2004年6月12日，是俄亥俄大学创建200周年纪念日。在这所大学的中心，矗立着1816年建造的卡特勒楼，这是校园里最古老的建筑，也是该校创建者愿景的有力证明。

现在我必须告诉你们，直到最近，我才对梅纳西·卡特勒牧师有所了解。在收到罗伯特·格利登博士的邀请后，我开始准备相关资料，这时才注意到他，而查的资料越多，我就越感到惊叹。

俄亥俄大学卡特勒楼

作为耶鲁大学的一名毕业生，我很欣喜地发现他也毕业于耶鲁；作为马萨诸塞州的一名居民，我很高兴地发现他曾经住在波士顿以北的伊普斯维奇，并在那里布道超过50年；然后完全出乎我意料的是，我发现他结婚后不久就在马撒葡萄园岛开了一家商店，而那个地方离我生活和工作的地方只有几英里之遥。

就在几天前，我妻子和我还拜访过他所在的教堂和他的故居，两栋建筑至今仍保留在那儿。

他的一生是多么非凡的一生。他是"三料博士"，既是神学博士和法学博士，同时也是医学博士，他还一度在这三种专业身份间切换自如；他曾是一名店主、教师、独立战争期间随军牧师、国会众议员、植物学家和天文学家等。

事实上，他好像注定要与一所大学结缘。而也正是梅纳西·卡特勒，早在1787年就有这样的远见卓识，要在这里建立一所公立大学，这也是阿勒格尼山脉以西的第一所大学。

他在外表上也让人印象深刻，高个子，大块头，而且总是一身黑色牧师服。但不要把他想象成一个忧郁的人。相反，他很开朗、和蔼可亲，是一个有趣的讲者，喜欢派对，对政治也有一些兴趣。早前的一篇记述写道："爱交际，待人温和，充满活力……让别人快乐就是他的快乐。"而幸运的是，他有着强烈的求知欲和进取心。

他是第一位试图对新英格兰的植物区系进行系统分类记述的人。有一次，他带着气压计爬到新罕布什尔州的华盛顿山，这也是新英格兰海拔最高的山。但我在书上看到，他测量的海拔与实际海拔相差了足足 2600 英尺（约合 792 米），这时我就觉得他和我们是一样的人！

然而，就他一生所扮演的所有角色来看，没有哪一次比他在 1787 年的《西北法令》中所发挥的作用更重要。

想象一下，我们的老国会——《邦联条例》下的国会——通过的是一个什么样的法案。而在我们的历史上，能够产生如此深远影响的事件屈指可数。

《西北法令》确立了西北领地的社会、政治和教育制度，并将这一领地过渡为五个伟大的州——俄亥俄州、印第安纳州、伊利诺伊州、密歇根州和威斯康星州。它提出的所有基本权利，最终都得到了宪法的保障。此外，它还规定这些州内永远禁止奴隶制，并鼓励公共教育，而所有这一切，都发生在 1787 年。

从语言和内容来看，《西北法令》与《马萨诸塞州宪法》非常相似，后者是目前世界上仍在使用的最古老的成文宪法。《马萨诸塞州宪法》是约翰·亚当斯 1779 年起草的，当时还是独立战争时期，该宪法包括了一条前所未有的教育条款。这个容我后面再讲。

《西北法令》为五个州总计 26 万平方英里（约合 67 万平方千米）的土地制定了标准，这一面积超过了法国的国土面积。如今，这五个动力十足的州的总人口已经达到 4500 万人。这五个州给我们带来了太多的自豪和骄傲：从亚伯拉罕·林肯到莱特兄弟，从科尔·波特到弗兰克·劳埃德·赖特，再到约翰·格伦和奥普拉·温弗瑞；从热狗和汽车，到家乐氏谷物和五大湖之一，再到众多一流的学院和大学。

时至今日，《西北法令》建立的这五个州的国民生产总值已经超过了法国，也超过了英国。

卡特勒牧师扮演的主要是说客的角色。1787年初夏，他出发前往纽约，一是游说国会通过《西北法令》，二是协商为新成立的俄亥俄公司购买超过100万英亩（约合4047平方千米）的土地。俄亥俄公司是众多独立战争中的老兵在波士顿一家酒馆筹划的项目。是的，这一切都始于一家酒馆。

《西北法令》起草和通过的时间，正是他在纽约的那段时间。他所发挥的影响力难有定论，但确定无疑的是，这一影响力非常大也非常关键。

这是一个颇为有趣的故事，卡特勒牧师在日记中生动描述了他的这次纽约之行及其在纽约的时光。在争取宏大的俄亥俄项目期间，他还特别记述了当地的食物和派对交际花。

不到一年后，第一个定居地在玛丽埃塔建立，而从新英格兰到俄亥俄州的移民潮也由此拉开序幕。它被称作"俄亥俄热"。第一辆驶往俄亥俄的马车就是从卡特勒牧师的教堂前启程的，时间是1787年12月3日，因为那里有个记载明确的历史标示牌。

1788年夏，卡特勒牧师亲自出门去了解情况。他乘坐一辆轻驾车从伊普斯维奇出发前往玛丽埃塔，751 英里（约合 1209 千米）的路程用了 29 天的时间；换言之，每天行程略多于 25 英里（约合 40 千米），这在当时已经是最快的速度了。

作为一名热切的植物学家，他对俄亥俄州的树木充满了好奇。据他记载，有一棵黑胡桃树的周长长达 46 英尺（约合 14 米）。

正是在梅纳西·卡特勒牧师的坚持下，相当于两个城镇的大片土地被"永久划归大学所用"，而那片土地就是我们今天所在的这个地方。

正如后来他在信中对儿子说的："在办理俄亥俄公司相关事宜时，所有与我打过交道的人都知道，我的首要目标是建立一所大学，这一直是我心中的大事。"

《西北法令》中关于知识和教育的精髓同样也可以在约翰·亚当斯起草的《马萨诸塞州宪法》中找到。《马萨诸塞州宪法》规定，"智慧、知识以及美德的广泛传播，是保护人们的权利和自由的必要条件"。亚当斯写道，让每个人都接受教育是政府的"职责"。

《西北法令》规定，"宗教、道德和知识是善政和人类幸福的必要条件，学校和教育手段应当永远鼓励"。

这是强有力的、明确的宣言，宣示着教育信仰是自由的堡垒。

要想保持自治传统良好运转，人们必须接受教育。

卡特勒和亚当斯在多大程度上交换了意见，不得而知。但他们两人的确熟识，卡特勒在日记中写过他们曾一起吃饭。卡特勒在美国艺术与科学院十分活跃，而该院是亚当斯帮助建立的。而且，卡特勒参加过在马萨诸塞州举行的、就亚当斯所起草宪法进行投票表决的那次会议。

《西北法令》在教育条款中强调过而亚当斯并没有强调的，是幸福。而这一点最重要：教育被认为是通往幸福的道路，这个观点亚当斯是强烈赞同的。在那个启蒙时代，这是他们的共识。华盛顿、亚当斯、杰斐逊都曾多次表达过这一观点。当我们的国父谈及"追求幸福"时，他们指的不是漫长的假期或成堆的行李。

幸福存在于人的心灵生活和精神生活中。而适用于个人的，也同样适用于群体。华盛顿一生没有接受过正规教育，他对此感到遗憾，并写道，"知识在任何国家都是公众幸福的最可靠的基础"。

任何事情都很有趣，而通过认真读书，这个世界上没有什么是学不到的。这是一个信条。"我必须自己做判断，但我怎么做判断，我们每个人怎么做判断，唯一的方法就是通过阅读开阔我们的大脑。"年轻的亚当斯写道。"我的生活中不能没有书"，这句众所周知的话是杰斐逊晚年对亚当斯说的。

现在，按照毕业典礼的悠久传统，在演讲结束时，我提几点想法给大家，特别是给即将开始新征程的 2004 届的毕业生们。

◎ 珍视你们当下拥有的一切。

◎ 我们老一辈人是支持你们的。社会需要你们，需要你们的能量，你们的创造力，你们的理想主义。

◎ 永远不要忘记，我们最重要的自由是独立思考的自由。

◎ 多读书。多读诗歌，多读传记，多读那些经过时间考验的伟大文学作品，多读历史。

◎ 在坏消息呈压倒之势、绝望成风的时候，在喧嚣和腐化似乎占据中心舞台的时候，在一些人持续唱衰我们国家时，要记住，在一些人的眼里，这个国家一直在走向堕落。但90%乃至更多的人是好人，他们慷慨大方，遵守法律，是按时上班的好公民；他们工作出色，热爱国家，缴纳税金，关心他们的邻居，关心他们的孩子的教育；而且和你们一样，相信生活的基本理念。

◎ 多看看这个世界。去画画，或者去弹钢琴；去看看有多少种昆虫是你从未见过的；本着梅纳西·卡特勒的精神，去爬山，当然，不用带气压计。

◎ 无论何时，在结账离开酒店或汽车旅馆时，一定记得给服务员小费。

Knowing Who We Are

HILLSDALE COLLEGE

Hillsdale, Michigan

2005

我们是谁

希尔斯代尔学院

密歇根州希尔斯代尔

2005 年

　　博林布鲁克勋爵是 18 世纪一位政治哲人，他说历史是"用实例讲解的哲学"。我的老朋友、已经过世的丹尼尔·布尔斯廷是一位非常优秀的历史学家，曾经担任过美国国会图书馆馆长，他说没有历史感的未来规划，就像是种植切花[1]。现在，我们正收集大量切花并试图栽种，这也是我今天晚上要讲的一个重要主题。

　　讲授和书写历史的任务是极为复杂的，但同时也是极具诱惑力和非常值得去做的。关于历史真相，我觉得我需要向学生或读者澄

---

1 切花，剪切下来的花朵、花枝、叶片等的总称。——编者注

清一点，那就是没有任何事情是按照既定方式发生的。在几乎任何一个点上，历史都可能会以无数种不同的方式朝着无数个不同的方向发展，就像你自己的生活一样。你永远不会知道。一件事情的发生总会导致另一件事情的连锁反应，没有什么事情发生在真空中，有行动就有后果。这些观察听起来像是不言而喻的，但事实并非如此，尤其对试图了解生活的年轻人来说。

正如我们不知道事物会以何种方式呈现在我们面前一样，我们的前辈亦是如此。作为历史学家或传记作家，站在高处检视人们的错误——为什么他们这样做或不那样做，是一件很容易的事情，因为我们没有身处其中，我们没有参与到里面，我们面对的不是未知，而我们的前辈恰恰相反。

这个世界上也不存在我们美国人经常说的那种仅仅依靠自身努力取得成功的人。生活中的每一个人都会受到他人的影响，都会被他人改变、塑造，都会得到他人的帮助或遭遇他人的阻碍。在我们自己的生活中，我们都知道是谁给我们开了一扇窗，是谁给了我们想法，是谁给了我们鼓励，是谁给了我们方向感、自我肯定感和自我价值感，是谁在我们误入歧途时把我们拉回正轨。多数情况下，是我们的父母；更多的情况下，是我们的老师。

让我们停下来想一想那些改变你生活的老师们，他们改变你的或许是一句话，或许是一次讲座，或许只是对你的困难的关注。家人、老师、朋友、对手、竞争者——他们塑造了你。

此外，塑造我们的还有我们从未见过的人们、从不了解的人们，因为他们生活在远早于我们出生的年代。比如，那些用音乐感动我们的人，以及画家、诗人，还有那些用我们的语言写出伟大文学作品的人。我们每个人每天都在引用莎士比亚、塞万提斯和蒲柏的话。我们一直处于一种不自觉的状态，我们想当然地以为这就是我们本来的说话方式。事实上，这不是我们的说话方式——这是我们继承而来的。

我们遵守的法律，我们享有的自由，我们认为的理所当然的制度——我们绝不能把它们视为理所当然，这些都是我们前辈的功劳。漠视这一点，不仅仅是无知，而且还很无礼。忘恩负义是一种卑劣的缺点。

我们怎么会不想了解那些让我们过上现在这种生活、让我们拥有现在这种自由、让我们成为这个最伟大国家的公民的前辈呢？这不仅是与生俱来的权利，也是其他人为下一代、为我们努力争取来的。而在此过程中，他们经常遭受苦难、遭受失败，甚至还付出过生命的代价。

现在回过头去看，在1776年那个决定命运的夏天，在《独立宣言》上签名的那些人绝不是超凡的。每个人都有其缺点和不足。他们中的有些人水火不容，每个人都做过后悔的事情。他们拥有应对局势的能力，但他们并不是完美的人，而他们的所作所为，当然也绕不开人性。

我们有缺点，有弱点，有罪过。我们有信仰的勇气，有应对局势的能力。

希腊人说，性格决定命运；而我看的关于人类故事的书越多，就越觉得他们是正确的。如果去看约翰·特朗布尔、查尔斯·威尔森·皮尔、约翰·辛格尔顿·科普利或吉伯特·斯图尔特的肖像杰作，那些缔造我们这个国家的伟大国父们的肖像，你会发现它们并不仅仅是画像——它们展现出来的是人物的性格，而创作者亦有此意。我们需要清楚一点，这些缔造者知道他们建立的这个国家就像他们自己一样，是不完美的。而这对我们来说是有利的。他们交给我们的并不是一个处于完美状态的、可以永久平稳运行的国家，它需要不断地改进和提升，从而更好地运转。

我刚刚乘船从巴拿马运河回来。我经常在想为什么法国在巴拿马遭受挫败，而我们却取得了成功。原因之一就是我们能够适应形势变化，做有效的工作，而法国工程师则用千篇一律的方式做事。我们美国人有即兴创作的天赋，我们即兴创作爵士乐，我们即兴设计了很多具有突破性的建筑。即兴创作是我们作为一个民族的特征之一，它很重要，也是必不可少的，因为我们总是在不断地探索和尝试未知事物。

要记住，在18世纪建立这个国家的那些美国人中，无一拥有革命或建国经验。他们的所作所为，可以说是一种即兴表演。他们是理想化的，而且都很年轻。透过早前的肖像画或纸币上的人物，我们看到的是他们颇为笨拙的笑容和施以粉墨的头发，我们认为他们是年老的政治家。但乔治·华盛顿 1775 年在剑桥担任大陆军总司令时只有 43 岁，而且是他们中年龄最长的。托马斯·杰斐逊起草《独立宣言》时是 33 岁，约翰·亚当斯是 40 岁，本杰明·拉什签署《独立宣言》时年仅 30 岁，而他也是他们当中最有趣的人之一。

他们是年轻人，摸索着前行，即兴而为，竭力找到有效的方法。他们没有钱，没有海军，没有真正意义上的军队。整个国家没有一家银行。当时总人口只有 250 万，其中 50 万人还是奴隶。

这个世界上很少有国家知道它们是何时诞生的，而在这个问题上，我们不仅知道确切的时间，而且还知道确切的原因以及谁是国家的缔造者。

《独立宣言》，约翰·特朗布尔作品

在华盛顿国会大厦挂着约翰·特朗布尔的杰作——《独立宣言》，这是我们历史上最有名的场景。但这上面几乎没有一处是准确的：首先，《独立宣言》的签署日期并不是 7 月 4 日，而是从 8 月 2 日开始的，当时国会中只有一部分人在场，所以只签了一部分。在接下来的几个月里，其他人才陆陆续续签完。

这幅画上的席位是错的，门的位置是错的。窗户上没有像这幅画一样挂着厚厚的织物，而墙上的军队旗帜则完全是特朗布尔的虚构想象。

但那些面孔是准确的。这幅画上的 47 个人都是可以辨认的，因而也是可以解释和说明的。我们知道他们长什么样子，我们知道他们是谁。这正是特朗布尔所希望的——他希望我们了解他们，希望我们不要忘记他们。因为这份具有重大意义的声明并不是由君主、国王或沙皇宣布的，而是国会自由意志的决定。

不幸的是，现在的年轻一代美国人，总体上来说是历史文盲。这方面有无数的研究，这一点是无可否认的。我自己也有很多亲身体会，我在密苏里州的一所大学做过演讲，演讲结束后，一名年轻女性走上前来对我表示感谢，她说，直到现在，她才知道最初的 13 个殖民地都位于东海岸。

听到这里，你会想：我们到底做什么了？这么优秀的一个美国年轻人，一所著名大学的学生，怎么会不知道这一点呢？

我在我们的一所常春藤盟校开了一门课，班上有 25 名高年级学生，都是历史专业的，都是优秀生。在第一次上课的那个早上，为推进教学，我问："你们有谁知道乔治·C. 马歇尔？"

没有人回答，长时间的沉默。最终有个小伙子问："他是不是和马歇尔计划有关的那个人？"我说是的，就是他。我认为，这是进入乔治·马歇尔话题的一个好方法。

我们需要从多方面着手。首先，我们必须明白，如果我们想知道我们的现在和未来，我们就必须知道我们的过去。我们必须珍视我们的前辈为我们所做的一切，这并不仅仅是指 18 世纪的先辈，也包括我们自己的父母和祖父母。而如果我们不认真对待，那它就会悄悄溜走；如果你不关心它，你就会失去它。这就好比你继承了一件伟大的艺术作品，非常值钱，但你不知道它很值钱，你甚至不知道它是一件伟大的艺术作品，因而也就不会对它有兴趣。

我们必须全面提升教师的各项素养。我可以肯定地说，伟大的老师——那些影响过你的、改变过你生活的老师，几乎都是热爱教学工作的老师。优秀的老师会说，"你过来，从显微镜里看，你会很感兴趣的"。

在匹兹堡大学就有这样一位极好的老师，她是儿童心理学教授，叫玛格丽特·麦克法兰。我希望她的思想会被更多人知道。她认为，态度是感染而得，不是学习而得。如果一名老师对教学内容充满激情，那么学生也会受到感染，无论是二年级的学生还是研究生院的学生。她倡议道："向他们展现你的喜爱。"

此外，如果老师们了解教学内容，那么他们对教科书的依赖程度就会大大降低。我不知道你们最后一次拿起美国历史教科书是在什么时候。无可否认，有些教科书是非常好的。但大多数教科书，好像是为了扼杀人们对历史的兴趣而编制的。

我曾经想过，如果老师把教科书的每一页都剪下来，再剪掉所有的页码标识，然后混到一起，让学生按照正确的顺序重新整理起来，那它带来的教学效果可能会更好。枯燥乏味的教科书实在太多了，而且这些由相关委员会编制的书通常都充斥着极为滑稽的政治正确。那些连我们自己都不愿意看的教材，学生们就不应该看。无论是过去还是现在，我们都有很好的书。历史书里面也有文学作品，比如朗费罗的诗，比如亚伯拉罕·林肯的第二次就职演说，比如马丁·路德·金的演讲。

历史会让我们成为更好的公民，但这不是历史应该被教、应该被读或应该被提倡的唯一原因。历史会让我们成为更好的公民，它会丰富我们的思想、丰富我们对人类的了解。历史教学应将重点放在历史的乐趣上。历史的乐趣，就如同艺术、音乐或文学作品一样，是人生体验的丰富；而丰富人生体验，实际上也是教育的主要目的。

再者，我们也没有必要将全部历史教学工作都放在老师身上。对于今天晚上我的演讲，我希望你们能够记住一点：历史教学，对历史重要性的强调，历史的乐趣，首先应该从家庭教育开始。

在座作为父母或祖父母的，应该带孩子去看看历史遗址。我们应该谈论那些我们特别感兴趣的传记或历史类图书作品，谈论那些历史上对我们产生过重要影响的人物。我们应该谈论我们成长的那个年代的样子。孩子喜欢这些，特别是小孩子。在我看来，重点应该放在小学阶段。我们都知道，小孩子学习语言特别快，快得都超出你的想象。事实上，他们学什么都快，他们想学习。你可以教他们解剖牛眼，你可以教他们任何东西。

怎样教历史或让历史变得有趣，并没有什么教学秘籍。芭芭拉·塔奇曼总结为简单一句话：讲故事。历史其实就是故事。

那什么是故事呢？E. M. 福斯特给出了一个绝妙的描述：如果我跟你说，国王死了，然后王后死了，这是事件顺序串联；如果我跟你说，国王死了，然后王后郁郁而终，这就是故事。对讲故事的、看故事的或听故事的人来说，这会产生一种同理心——人性如此。

我们应当培养、鼓励和开发具有健全心智和足够同理心的历史学家，因为只有这样的历史学家才能将学生带入我们先辈的时空环境中。而我们的先辈同我们一样，都是有血有肉的人。

就历史而言，我们必须要教、要培育、要鼓励，因为它是当今时代"自大病"的解药。这种自大表现为，我们所拥有的一切、我们所做的一切和我们所想的一切，都是终极的、最好的。

我们决不应对过去的人们表示不屑，认为他们的认知太有限。你想想未来的人会怎样评论我们呢？他们肯定会说我们的认知太有限。所以我们有什么理由苛责过去的人呢？我们在想什么？

塞缪尔·埃利奥特·莫里森说过，我们应当读史，因为它有助于我们的进步；我们应该读史，因为它有助于我们打破科学、医学、哲学、艺术和音乐等诸多学科的壁垒。它是人类故事方方面面的集合，亦应被视为如此。而唯有如此，你才能够理解历史。比如，如果你不了解 18 世纪的词汇，那么你就不可能了解 18 世纪。那些话所要表达的究竟是什么意思？

　　在约翰·亚当斯写给家中妻子阿比盖尔的信中，有这么一句话："我们无法保证（这场战争的）成功，但我们可以做得更好，以让我们值得获取成功。"想一想，这和我们今天的态度是多么不同。现在太多的人太看重成功了，要争第一，要排在最前面，要爬到最顶端。只要能取得成功，无论是背叛、中伤还是欺骗，都无关紧要。

　　亚当斯信中的那句话是说，独立战争的最终结果掌握在上帝手中。我们无法掌控结果，但我们可以掌控我们的表现。我们值得拥有成功。我是在准备写《约翰·亚当斯传》那本书时看到这句话的，当时我就深受感召，以至于直接从椅子上站了起来。然后，大约过了三个星期，我在看乔治·华盛顿写的信时，又看到了同样的句子。我心想，等一等，这是怎么回事？他们一定是引用了某个人的话。于是，我去翻《巴氏常用妙语辞典》，从 18 世纪的条目开始查，果然就找到了！这句话出自约瑟夫·艾迪生的戏剧《加图》。他们引用的是同时代的文学作品中的一句话，你可以视之为圣典或世俗信条。如果我们不了解这一点，我们就无法充分理解他们的表现。我们就无法理解为什么名誉对他们是那么重要，为此他们不惜赌上他们的生命、他们的财产和他们神圣的名誉；这并不仅仅是嘴上空谈。

我想给大家读一下约翰·昆西·亚当斯小时候收到的他母亲写给他的一封信。那是一个冬天，是战争期间，这个小男孩被带着一起横跨北大西洋。而在波士顿港外，游弋的英国舰船就守候在那里，时刻准备抓捕约翰·亚当斯等人；如果被抓住，亚当斯就会被押回伦敦，而且很有可能会以叛国罪被处以绞刑。这个小男孩也一同前往，他母亲知道她可能会在一年或更长的时间里见不到他，也可能这辈子都见不到他了。

那为什么要冒险呢？因为这对父母希望约翰·昆西结交本杰明·富兰克林和一位法国伟大的政治哲学家，希望他学习法语，希望他游历欧洲，希望他获得所有这一切。为了教育，他们甘于让他冒生命的危险。

过去，人们甘愿为教育付出什么，我们几乎一无所知。在我们的整个历史中，有一个持续的主题，那就是下一代人所接受的教育会优于前一代人。约翰·亚当斯就是一个通过教育改变人生的典型实例。他父亲勉强能写自己的名字，而母亲基本就是文盲。但因为他有哈佛的奖学金，一切都发生了改变。正如他所说，"只要有书，我就会一直读下去"，而他也是这样做的。他和阿比盖尔希望儿子更是这样。

那是一次凶险的航行。任何一个环节都有可能出错、失控。而当这个小男孩回来时，他说他有生之年再也不想横穿大西洋了。然后，他父亲重回欧洲，他母亲说你也要去。下面是她写给他的信。要记住，这封信是写给一个 11 岁的孩子的，听听这同我们现在对待孩子的方式有什么不同。她信中的话就像是对一个成年人讲的。她希望这个孩子快点长大，因为有很多事情等着他做，生存是最重要的：

> 这是一个天才都愿意降生的动荡时代。伟大的人物不会形成于静如止水的平庸时代或者绥靖的驻点。一个精力充沛的头脑，其习惯的养成，源自与困难的抗争。伟大的使命唤起伟大的品德。当理智被触及内心的场景所激励和鼓舞时，那些原本蛰伏的品质就会被唤起，并注入生命，形成英雄和政治家的品格。

这封信中有几个有趣的地方。比如，她一直提到的头脑和理智，信中最后一句，她说，"当理智被触及内心的场景所激励和鼓舞时，那些原本蛰伏的品质就会被唤起，并注入生命，形成英雄和政治家的品格"。换句话说，仅仅有头脑是不够的，你还要有勇敢的心。

他最终当然是选择了去欧洲，而我们这个国家的历史也因此而变得不同。在我看来，约翰·昆西·亚当斯是迄今为止我们所有总统中受教育程度最高的一位，也可能是最聪明的一位。此外，他还曾是一位伟大的国务卿，是"门罗主义"等政策原则的起草者，是一个非常优秀的人和伟大的作家。在欧洲时，父亲告诉他要坚持写日记，然后他一写就是65年。这些日记是无比非凡的，涵盖各种学科门类。

独立战争结束后，阿比盖尔前往欧洲与丈夫团聚，当时亚当斯是美国派驻圣詹姆士宫的首任公使。而约翰·昆西则从欧洲回国，准备就读哈佛大学。在他回到马萨诸塞后不久，阿比盖尔就收到了姐姐的来信。姐姐在信中说，约翰·昆西是一个令人印象深刻的小伙子——当然这是因为他会讲法语，每个人都感到很惊讶，但他好像过于沉浸自我，过于执着于自己的观点，这在我们这里并不是很受欢迎。于是，在伦敦格罗夫纳广场至今依然存在的那栋房子里，阿比盖尔给约翰·昆西写了一封信。她在信中写道：

> 如果你意识到你在某些学科比其他人掌握了更多的知识，那意味着你比同时代的人有更多机会去了解这个世界、去获取人类知识；意味着你从未想要占有书籍，但书籍已经充实了你的人生；意味着你身边从来都有文学和科学巨人相伴。如果这样还会成为一个榆木脑袋，那是多么不可原谅的事情。

在加强和提升学习热忱方面，我们拥有如此多的资源、如此多的优势和如此多的机会。这种情况下，如果我们成了榆木脑袋或培养出榆木脑袋，那是多么不可原谅的事情。

我们在教育方面的工作，那些很棒的老师、管理者、大学校长和大学信托人所做的工作，是最好的也是最重要的工作。

在这里，让我向致力于教育发展、致力于希尔斯代尔教育发展的你们表示我的敬意，向参加今晚这类活动的你们表示我的敬意。不要只待在家里做一个旁观者，我们的参与很重要。公民权并不仅仅是投票，这是我们都知道的。让我们行动起来，永远不要失去信心。

The Ties That Bind

THE 250th BIRTHDAY OF
THE MARQUIS DE LAFAYETTE
LAFAYETTE COLLEGE
Easton, Pennsylvania
2007

紧密联结的纽带

纪念拉法耶特侯爵诞辰 250 周年

拉法耶特学院

宾夕法尼亚州伊斯顿

2007 年

1824 年，拉法耶特侯爵胜利返回美国，受到全国上下热烈欢迎。来自民众的广泛善意和感激之情是任何一位外国来访者所未曾感受过的，是空前绝后的。这次盛大之行始于纽约，时间是 8 月 16 日，整个行程涵盖当时美利坚合众国所辖的全部 24 个州，历时 13 个月。这个国家从未有过这样的经历。拉法耶特所到之处，迎接他的都是满腔热情的民众，规模之大，前所未有。他写道，"整个行程，我们都非常感动，我们感到非常荣幸。"在波士顿附近的一座小镇，当地镇长告诉他说，"先生，美国爱你"。拉法耶特回答说，"先

《拉法耶特侯爵》，塞缪尔·F. B. 莫尔斯作品

生，我真的爱美国"。没有人怀疑他说的每一个字。

拉法耶特此次总的行程超过 6000 英里（约合 9656 公里），北达佛蒙特州的伯灵顿，西至圣路易斯，南到新奥尔良。他游历了密西西比河、俄亥俄河和新修的伊利运河，他去参观了尼亚加拉瀑布，他去蒙蒂塞洛庄园拜会了托马斯·杰斐逊；去赫米蒂奇庄园拜会了安德鲁·杰克逊；他在弗农山庄的乔治·华盛顿墓前，向他表达了自己的特别敬意。丹尼尔·韦伯斯特在于邦克山举行的典礼上发表了欢迎致辞。

他访问了哈佛、耶鲁和普林斯顿。在布鲁克林举行的图书馆落成仪式上，他亲吻了一个小男孩，这个小男孩就是后来的沃尔特·惠特曼。在费城，当时已是一片颓垣的独立厅被重新修葺，以便迎接这位赫赫有名的嘉宾，而独立厅也由此被保存了下来。

他被誉为大陆军最后一位将军，是"过去那个英雄时代令人肃然起敬的象征"。当时的报道详细描述了被竖起的宏伟的凯旋门，仪仗队和优雅的白马马车，飞扬的旗帜，轰鸣的礼炮，宴会、舞蹈和合唱清唱剧，以及先前从未见过的庞大人群。拉法耶特虽然年事已高，腿也有些瘸，但他乐在其中。显然，这是他一生中最快乐的时光。正如杰斐逊所指出的，这位卓越的法国人"对声望和名声有着特别的欲望"。

在总统詹姆斯·门罗执政时期，美国出现了所谓的"善意的时代"，但就像门罗总统的任期一样，这个时代已经趋于尾声了。与此同时，一些严峻而又紧急的问题开始显现出来，其中之一就是奴隶制的扩张。尽管如此，美国整体上还是保持着自信和乐观的情绪。正如包括法耶特在内的数不胜数的讲演者所强调的那样，当时美国物质文明发展显而易见，而这也是包括拉法耶特在内的众多演讲者所重点强调的。

首要一点，民众对他的这种感激之情是能引起广泛共鸣并且是真实的，这既是对拉法耶特在美国独立战争中所扮演的英勇角色的感谢，也是对美国建国一代人的感谢，因为正是他们让这个新生国家得到佑护，并带给这个国家空前的机遇。

此外，此次持续一年的盛况标志着一个可喜可贺的开始。在之后的若干年里，法国和美国保持了非同寻常的关系。虽说这一关系并非总是顺风顺水，但我们的确从未与其他任何国家保持过这种关系，而且它所带来的好处也比任何其他良好外交关系带来的好处更多、更持久。需要特别指出的是，在法国印第安人战争中，法国曾经是我们的头号敌人，彼时距离美国独立战争打响只有 10 年左右的时间。

在我们和法国结盟之前，独立战争已经拉开了序幕。1778 年年初，两国在巴黎正式同意建立联盟关系，而这也是我们历史上最重要的协定之一。那时，年轻的拉法耶特已经开始投身于"光荣的美国独立革命"。他 19 岁就来到大洋彼岸，并最终成为真正的美国英雄。

如果没有法国的帮助，我们可能仍会赢得独立战争的胜利，但也可能不会。这个问题没有明确答案。但有一点是确定无疑的，那就是倘若没有法国人的帮助，很多战役我们都不会取得成功。很少有美国人知道，在独立战争的最后一场重大战役——约克镇之战中，罗尚博指挥的法军人数比华盛顿指挥的美军人数还要多，而法国舰队又在恰当时机抵达弗吉尼亚半岛，迫使康沃利斯投降。

结束这场战争的那项条约也是在巴黎签署的。基于这一至关重要的条约，英国国王乔治三世承认美国是"自由的、拥有主权的和独立的国家"。在巴黎雅各布街，历史悠久的约克饭店的白色围墙上就有一块标示该地点的匾牌。

对美国来说，1783年9月3日是一个创造历史的日子。新独立的美利坚合众国已经登上世界舞台。此后，更多的美国历史将以法国为起点全面展开，而这也是除我们本土之外，亲眼见证我们历史最多的国家。

在独立战争期间以及战争结束后的谈判中，本杰明·富兰克林和约翰·亚当斯都在巴黎扮演过至关重要的外交角色。之后，托马斯·杰斐逊又来到巴黎，担任美国驻法国公使，任期5年，而这也是杰斐逊一生中最快乐的5年。

第一次世界大战期间，超过200万美国军人"在那里"作战。（与普遍的认知相反，那句著名的话——"拉法耶特，我们来了"，并不是潘兴将军抵达法国时说的，而是查尔斯·斯坦顿上校在拉法耶

夏尔·戴高乐和德怀特·艾森豪威尔，1944年，巴黎

特的墓前说的。）在这场大战中，有近8万美国人死在了法国。在第二次世界大战期间，又有79万人赶赴法国战场，其中有超过5.7万人死在了那里。

让我们永远记住，法国对美国人来说是一个真正神圣的地方。在两次世界大战中，有超过6万人长眠于法国，他们被葬在默兹-阿尔贡、诺曼底和其他四个墓地。在最大的默兹-阿尔贡墓地，有41246名美国人长眠其间。

此外，1950年为马歇尔计划设立的总部也位于法国巴黎，位置靠近协和广场。

我知道，这基本都是大家熟悉的历史，但有些事情值得重复。正如塞缪尔·约翰逊所写的，我们"更需要的是提醒而不是告知"。

另外，历史的范畴也不仅仅是战争和外交，而对美法关系的任何公正评价，都应将这一点考虑在内。

有才华、有抱负的年轻美国人对巴黎无比热爱，将巴黎视作一个重要的灵感之地和自由创作之地，这最早可以追溯到我们建国之初。一次又一次地，巴黎改变了他们的生活，并对美国的艺术、文学、音乐、舞蹈，以及美国的科学、技术和医学都产生了重大影响。

1784 年，在位于巴黎香榭丽舍大街的杰斐逊公馆的书房，杰斐逊与年轻的美国艺术家约翰·特朗布尔一起在一小片纸上画出草稿，为特朗布尔创作《独立宣言》做准备。而这幅著名的作品，最终也成为参观次数最多的美国作品。也正是在巴黎，在杰斐逊的鼓励下，雄心勃勃的特朗布尔决定闯出一片天地，着手创作了一系列历史肖像画和独立战争画作，这也是他一生的伟大成就。

18 世纪美国的另一位大师约翰·辛格尔顿·科普利在巴黎进一步激发了自己的创作活力。詹姆斯·麦克尼尔·惠斯勒在 19 世纪 50 年代抵达巴黎时，默默无闻，身无分文，故作老成。但在那里，他彻底改造了自我。来自费城的玛丽·卡萨特 1877 年定居巴黎，感觉自己终于可以靠工作实现完全独立了。她写道，"我开始生活了"。

巴黎是艺术世界的首都，那里有卢浮宫，有先贤祠，那里还聚集了为数众多的有抱负的美国人，他们来这里画画、雕刻、学习，过着波希米亚式生活；他们中有特朗布尔、科普利、塞缪尔·F. B. 莫尔斯、惠斯勒、玛丽·卡萨特、约翰·辛格·萨金特、温斯洛·霍默、托马斯·伊肯斯、亨利·坦纳、奥古斯塔斯·圣-高登斯、蔡尔德·哈萨姆等，就像是美国艺术名人录。

塞缪尔·F. B. 莫尔斯在巴黎度过了一生中很长的一段时间，19世纪30年代初，他以卢浮宫大画廊内景为背景创作了一幅大型画作。此前，拉法耶特在纽约的时候，莫尔斯被选中为这位法国英雄画肖像画，那幅引人注目的、真人大小的作品至今仍挂在纽约市政厅。后来，在回国的旅途中，受早前在法国所见事物的启发，莫尔斯构思了电报密码的基本理念。

约翰·辛格·萨金特很快就取得了成功。他的作品《X 夫人》——皮埃尔·高特鲁夫人的肖像画——在巴黎引起轰动，而当时的萨金特只不过28岁。

受法国印象派画家影响，众多美国人也成为印象派画家。蔡尔德·哈萨姆很快就学会了法国印象派画家的流畅笔法，他画过香榭丽舍大街四月的雨，波士顿灯塔街十月的清晨，油画《盟军日》中飞扬的旗帜——那是1917年发生在第五大道中的景象。

那些没有去过巴黎的艺术家则希望有机会前往。而作家对巴黎的向往也丝毫不亚于艺术家。一些标志性的美国文学巨著——真正意义上的美国作品——就是在巴黎书写的，比如亨利·詹姆斯所写的，"巴黎之光……巴黎无处不在"。

我爱上了美国的名字，

那些犀利的名字绝不会变得鲁钝，

矿区五彩斑斓的称号，

梅迪辛哈特的羽毛战帽，

图森、戴德伍德和洛斯特米尔平地。

  这是斯蒂芬·文森特·贝尼特所写的一首诗的开头。实际上，这首名为《美国的名字》的诗，并不是他在布拉索斯河西部地区写的，而是在巴黎写的。那首与南北战争相关的著名叙事诗——《约翰·布朗的身躯》也是他在巴黎写的。

  更早一代的美国人，也在巴黎生活过的拉尔夫·沃尔多·爱默生回忆说，"我们去欧洲，就是为了被'美国化'"。

  詹姆斯·费尼莫尔·库珀的美国经典作品《大草原》是他在巴黎生活的那七年里写成的。那本著名的《伊桑·弗罗姆》是伊迪丝·华顿1911年在瓦雷纳街那套豪华公寓的书房里写成的，这部经典小说的背景设在了那个美好年代的鼎盛时期，早已远离那个荒凉的新英格兰时代。事实上，这个故事的源头在法国，原是华顿在巴黎时交给她的法语老师的一篇作文习题。

  伊迪丝·华顿在她的个人自传中回忆说，童年时代的纽约社会是一个完全与艺术隔离的世界。尤其是在写作方面，她的父母认为，这是一个"介于巫术和普通劳动之间的工种"，无疑是不适合她的。

而正是在巴黎，写作成为她的生活的"核心"。第一次世界大战爆发后，她是最先投身于法国战备中的美国女性之一，负责募集衣服、食物和医疗用品。到这次大战结束时，共有超过 2.5 万名美国女性在法国战区服务；就大西洋两岸的这两个国家而言，这段历史已经基本上被遗忘了。战后回国的人很多，虽然具体数字不详，但他们的看法已经发生了变化，已不再像当时一首流行歌曲所唱的："他们已见识过巴黎，你怎能再留守农庄？"

在大战结束之后的几十年里，大约有 3.5 万美国人生活在巴黎。这里已经成为一个美国人的聚居地，特别是有才华、有抱负的年轻人的聚居地。"我是从布鲁克林来的，那年 20 岁，充满着期望。"阿伦·科普兰回忆说。作为当时两位杰出的推广者，格特鲁德·斯泰因和欧内斯特·海明威让 20 世纪 20 年代"他们的"巴黎声名大噪；当然，与他们一同提升巴黎声誉的，还有其他数百名作家、画家、作曲家、现代舞舞蹈家，以及单纯体验异域生活的人们。这些人包括：威廉·福克纳、F. 斯科特·菲茨杰拉德、格兰特·伍德、爱德华·霍珀、理查德·赖特、兰斯顿·休斯、舍伍德·安德森、斯蒂芬·文森特·贝尼特、卡森·麦卡勒斯、哈特·克莱恩、科尔·波特、乔治·格什温、伊莎多拉·邓肯和约瑟芬·贝克等。

同早前游历于此的美国人一样，他们在法国以及法国人中找到了自己的精神家园。特别是对那些有创意的、思想独立的美国女性和非洲裔美国人来说，比如理查德·赖特、兰斯顿·休斯和约瑟芬·贝克，他们感受到的是一种自由、一种认可，而这是他们在自己国家所未体会到的。

特别值得一提的是，在第一次世界大战之前的那个时期，艺术界和文学界的两位杰出美国女性——玛丽·卡萨特和伊迪丝·华顿发现她们只有在远离美国的巴黎才能获得认可并受到追捧，但即便如此，她们也从来只把自己当作美国人，在美国所有的画家和作家中，这是两位具有重要影响力的人物。玛丽·卡萨特长期生活在巴黎，去

兰斯顿·休斯

世后也葬在了那里；伊迪丝·华顿亦是如此，除了在夏天返回马萨诸塞州外，巴黎就是她的家，她也葬在了巴黎。此外，葬在巴黎的还有伊莎多拉·邓肯和约瑟芬·贝克。舞蹈家约瑟芬·贝克1975年去世，葬礼在巴黎的马德莱娜教堂举行，这也是当地为美国人举行的最隆重的葬礼。

已从法国回国多年的科尔·波特将他的最后两部音乐剧——《康康舞》和《丝袜》的背景设在了巴黎。在写那首名为《我爱巴黎》的歌时，波特已是年老多病，但正如威廉·津瑟所说，这首歌"听起来依然充满朝气，充满着对这座城市的热爱，热爱它的四季，热爱从蒙蒙细雨到高温酷暑的每一种天气"。

正是在巴黎的古玩店里，乔治·格什温发现了可用于《一个美国人在巴黎》组曲的计程车喇叭声。在格什温去世多年后的1951年，由吉恩·凯利主演的、全部采用格什温配乐的影片《一个美国人在巴黎》大获成功，荣膺包括最佳影片奖在内的6项奥斯卡大奖。这是一部经久不衰的经典作品，激起了数百万美国人对巴黎永难忘怀的情感。（我要告诉你们的是，那时候作为一名深受该片影响的、来自匹兹堡的18岁大一新生，我深深地爱上了那个时代，并梦想成为一名艺术家。看吉恩·凯利塑造的银幕形象，看他在巴黎的爱情、舞蹈、歌唱和绘画，那是一种发自内心的快乐……嗯，这很了不起！）

据公开资料记载，建国之后，约翰·亚当斯和托马斯·杰斐逊都选择把法国作为他们驻外的首选地。但在对旅居法国持怀疑和不赞成态度的美国人中，没有谁的立场转变之大超过阿比盖尔·亚当斯。起初，她对巴黎或法国人几乎没有一丝好感。按照她严格的美国人标准，那里的恶言丑闻、道德品行、铺张奢华和轻薄无聊是她完全无法接受的。然而，仅仅在巴黎生活了不到一年的时间，到离开的时候，她就很不情愿了。她不懂法语，但他丈夫懂，她的儿子约翰·昆西也懂，这根本算不上问题。她完全被巴黎吸引了。她喜欢歌剧，喜欢看戏，喜欢上流社会圈子中对女性的认可和平等对待。她

乔治·格什温

和拉法耶特夫人建立了深厚的友谊，这也是她一生中最珍贵的友谊之一，而当时的阿德里安娜·德·拉法耶特只有20多岁。阿德里安娜会讲英语，尽管她有财富也有地位，但衣着打扮非常朴素，而且同阿比盖尔·亚当斯一样，她也很不喜欢那种自命不凡的炫耀。还有一点，她和阿比盖尔一样，全力投入到家庭事业中，一心相夫教子。

在位于波士顿的马萨诸塞历史学会，收藏有约翰和阿比盖尔·亚当斯的信，这些信可以追溯到他们在巴黎期间，同时还收藏有杰斐逊在法国巴黎时写给英国艺术家玛丽亚·科斯韦的情书，以及杰斐逊唯一的著作、最早在法国出版的《弗吉尼亚笔记》的手稿。此外，该历史学会还收藏有约翰·科林斯·沃伦医生在巴黎时写的信，那时他还是一名学习非常刻苦的学生。在19世纪初，巴黎被认为是领先的医学研究中心和先进的医疗实践中心，来自波士顿的沃伦就是那位大名鼎鼎的首先演示乙醚麻醉手术的外科医生。老奥利弗·温德尔·霍姆斯是另一位在巴黎学医的名人，他在19世纪30年代写的那些信，也是我们所拥有的最宝贵的财富之一。霍姆斯医生写过著名的《早餐桌上的独裁者》，他在哈佛教了35年的解剖学，影响深远。

让我们想一想美国那些有名的地标性建筑和纪念碑，我们认为它们是非常美国化的，认为它们充分代表了美国的伟大、自由、进取心或创造力，但实际上，它们或多或少都包含着法式风格。我们那座位于波托马克河地区的都城，是由法国建筑师、工程师皮埃尔·朗方少校规划的；在里士满的弗吉尼亚州议会大厦，那座宏伟的、真人大小的乔治·华盛顿雕塑是法国雕塑大师让－安东尼·乌敦的作品，而美国境内几乎所有的华盛顿雕塑都是它的复制品。杰斐逊的蒙蒂塞洛庄园及其风景如画的穹顶，处处休现着法国的精神和细节。这座庄园的设计灵感来自巴黎地标性建筑，也是杰斐逊非常推崇的萨尔姆宅邸，该宅邸至今仍矗立在塞纳河岸。

路易斯安那购地对我们来说就像是天上掉下来的馅饼，拿破仑对杰斐逊的报价非常便宜。在购得这片原本属于法国的土地之后，美利坚合众国的疆域版图增加了一倍多。

当然，在今天这样的集会上，我们亦不应忘记法国历史学家亚历西斯·德·托克维尔所著的《论美国的民主》。该书 1835 年出版，至今仍是研究美国的最经典著作之一。

布鲁克林大桥的桥墩设计离不开法国土木工程师的开创性工作。（华盛顿·罗布林采用的创造性的水下基桩，正是源于他在法国时所学的"沉箱"原理，这是由法国人最先提出的。）法国杰出工程师戈丹·德·勒比奈男爵独辟蹊径，提出了唯一可行的巴拿马运河方案。他的这个方案，是 1879 年在于巴黎左岸举行的一次国际会议上提出的，当时遭到了法美两国工程师的嘲笑奚落。但正是他成就了现在的巴拿马运河，而这，则被视为"我们的胜利"。

还有就是我们收到的来自法国的卓越非凡的礼物，现矗立于纽约港、高举象征自由的火炬的女神像。此前，没有哪一个国家向另一个国家赠送过如此巨大的礼物，或者如此受长期青睐的礼物。

想一想路易斯安那和新奥尔良、巴吞鲁日，想一想美国地图上所有源于法语的佶屈聱牙的地名，如州、城市、小城镇、湖泊和河流等，包括得梅因、尚普兰湖、圣路易斯、苏圣玛丽、特雷霍特和佛蒙特。还有美国的那些高等教育机构，比如杜肯大学、马凯特大学、圣母大学，以及拉法耶特学院。

我们美国人喜欢法国时尚、法国蕾丝、法式玻璃门和法式调料。我们已经让法式薯条成为国民主食。我们用法国香槟庆祝，我们用法国香水和法式袖口打扮自己，我们形容摆阔时常说"就像在丽兹酒店一样"。在今天晚上这样的场合，如果演讲者的演讲时间过长，你们完全可以选择"不辞而别"[1]。

我们喜欢法国红酒，我们买法国红酒是为了享乐，而仅此一项，就占了我们从法国进口总额的3%。我们从法国购进最多的是机械、建筑材料和飞机。此外，美国已经成为法国最大的投资来源国。目前，每年有200万美国人选择去法国旅行，而且平均逗留时间超过其他任何一个国家或地区的游客。与此同时，我们还有大约130万名学生在学习法语，法语也由此成为仅次于西班牙语的第二大最常学的外语。

在谈及法裔美国人时，我们可能要追溯到保罗·里维尔。目前，

---

1 原文为"French leave"。——译者注

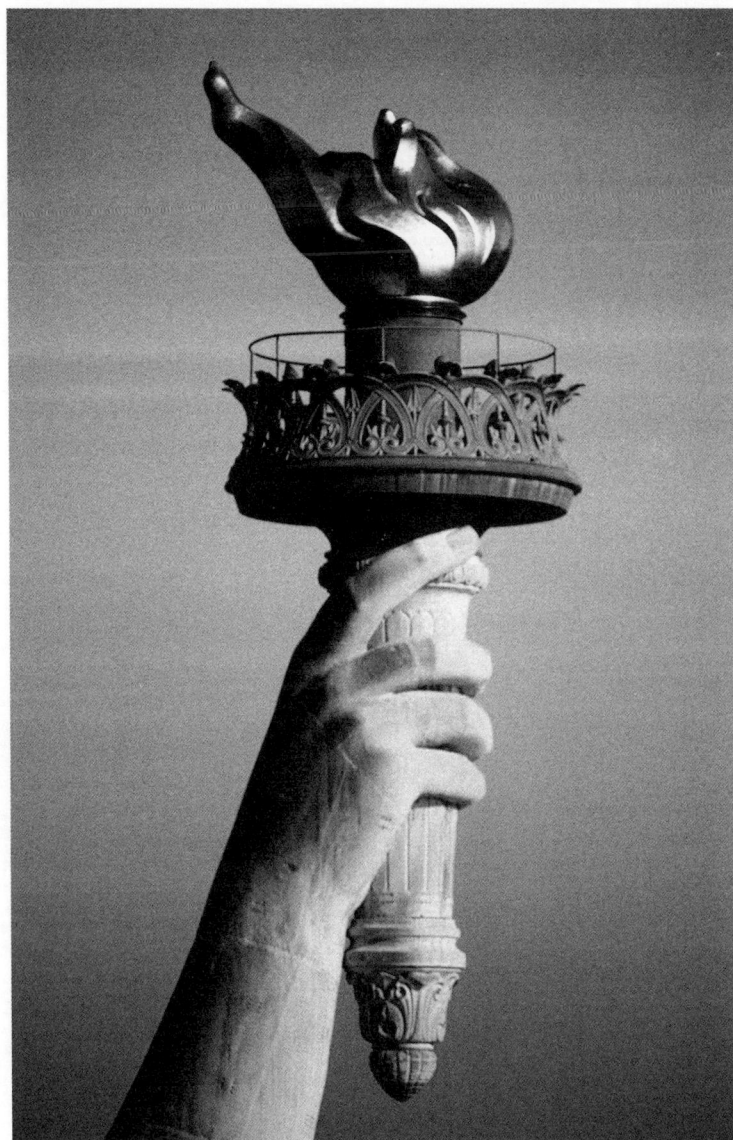

自由女神火炬

在美国总人口中，大约有 1100 万人是法国人的后裔或法裔加拿大人的后裔。

在建国初期，我们与法国关系的一次严重破裂发生在约翰·亚当斯担任总统期间，那是一次海上的不宣而战，那是一次非常严重的事件。然后，在谈判解决此次危机时，又发生了不光彩的"XYZ 事件"[2]。这几乎演变成为与拿破仑之间的一场全面战争，但在约翰·亚当斯和他的首席特使约翰·马歇尔的不懈努力下，两国达成了一个体面的协议。对亚当斯来说，这是他担任总统期间取得的最自豪、最有益于美国的成就。正如他对一位朋友所说的："我希望我的碑文是这样的：约翰·亚当斯长眠于此，他在 1800 年肩负起了维护与法国和平关系的责任。"

亚当斯等到了 1824 年重返美国的拉法耶特。在马萨诸塞州的昆西，这两位老爱国者再次相聚，感人至深。

作为一种国家姿态，为表达感激之情，国会批准授予拉法耶特总计 25 万美元的现金赠款。这对当时背负沉重债务负担的拉法耶特来说是一笔巨大的财富，与他当年用以帮助美国革命事业所付出的个人资金大致相当。1825 年拉法耶特在长访白宫准备离开华盛顿时，新总统约翰·昆西·亚当斯用颤抖的声音发表了对美国人民的讲话。

---

2 1779 年发生在法国和美国之间的一次外交事件（在最初公布的外交保密文件中分别被称为 X、Y 和 Z）。——编者注

他是这样说的：

　　我们将一直认为，您的这一生是属于我们的，也是属于我们的后代的。您是属于我们的，是因为您基于爱国精神的自我奉献，是因为您在我们美国命运的危急关头驰援我们，是因为我们对您的付出的永恒谢意。这是我们宝贵遗产的一部分，是因那仁爱的纽带和比死亡更强大的爱的力量。您的名字与华盛顿的名字已经永久地连在了一起……在这里，我代表美国全体人民，用匮乏的语言向您表达我们这个国家以及我个人对您的眷恋之情。在此我要依依不舍地向您深情告别。

　　在今天这个场合，我们聚在这里以我们自己的方式纪念拉法耶特，让我们衷心祝愿美法两国之间的纽带，美法两国之间相互尊重、相互爱戴的传统焕发新生并一直持续下去。

The Love of Learning

BOSTON COLLEGE

Boston, Massachusetts

2008

学习的热情

波士顿学院

马萨诸塞州波士顿

2008 年

我们美国人生活中并没有太多的仪式，这令人遗憾，但毕业典礼一直在继续，年复一年。作为一项庄重的传统，这一恰到好处的盛典将人们聚在一起，就像我们今天看到的一样。来自全国各地不同阶层的人们汇聚一堂，确切说应该是世界各地的人们，共同庆祝真正值得称赞的成就。自建国伊始，教育的重要性在美国生活中就是一个压倒性的主题，希望将会一直持续下去。

信息，唾手可得的信息，无穷无尽的信息……

国会图书馆书架的总长度达 650 英里（约合 1046 公里），馆藏图书涵盖 470 种语言。拿破仑害怕猫……豪猪身上长有 3 万根刺……蚊子每秒振动翅膀600次……美国的煤产量仅次于中国，居世界第二位……

这样的清单可以一直罗列下去。我们生活的时代是一个信息时代，这是一个自创世以来所从未有过的时代。我们为信息高速公路而自豪，就像其他时代的人为铁路而自豪一样。人人可得的信息！川流不息的信息！

在一平方英里的空气柱中，即在一个高为500英尺（约合152米）、长为1.4万英尺（约合4267米）的空间内，平均包含有2500万只昆虫。詹姆斯·麦迪逊体重不足100磅，而威廉·霍华德·塔夫脱则高达332磅，创下总统纪录。据《世界年鉴》称，自由女神像的食指长度为8英尺（约合20厘米）；格雷洛克山是马萨诸塞州海拔最高的山，海拔为3487英尺（约合1063米）；美国现存最古老的树木是加利福尼亚州的一棵狐尾松，树龄高达4700年……

信息是有用的，信息通常是非常有趣的。信息蕴含着价值，有时是巨大的价值，恰当时刻的恰当信息意味着财富。信息可以节省时间和精力，信息可以拯救生命。信息、事实、图表等的价值，取决于我们如何理解它，取决于我们的判断。

但我们要清楚一点，信息不是学问，信息不是诗歌，信息不是艺术，不是乔治·格什温，不是肖纪念碑，不是信仰；它不是智慧本身。

事实本身是永远不够的，事实可以说是没有灵魂的。在书写或试图了解历史时，一个人可能会拥有各种各样的数据，但却错失重点。一个人可能拥有所有事实，但却错失真相。这就像那位年老的钢琴老师对她的学生抱怨说，"我只听见音符，却听不到音乐"。

如果信息是学问，你可以背诵《世界年鉴》，然后称自己受过教育。如果你熟记了《世界年鉴》，那不说明你受过教育——那只说明你是个怪人！

你无法通过打印资料获取学问，而学问也不是唾手可得的。学问主要来自于书本，特别是伟大著作；学问来自于老师，学得越多，共鸣就越强烈；学问来自工作——专心致志地工作。

阿比盖尔·亚当斯早在200多年前就给出了完美的诠释："学问并非偶得，必得用热情去追求，用勤勉去获取。"而在我看来，热情是关键。

对毕业班的大多数人来说，你们对学习的热情已经生根。而对其他人来说，这种热情通常会来得晚一些，而且通常会以出其不意的方式出现，这在历史上并不鲜见。它属于魔力的一部分。

查尔斯·萨姆纳就是一个例子。萨姆纳是来自马萨诸塞州的伟大参议员，他的雕塑矗立在波士顿公共花园，正对着博伊尔斯顿街。

小时候上学时，查尔斯·萨姆纳并没有表现出特别的潜力。在哈佛读书时，他的表现也不突出。不过，他的确热爱阅读，在完成法学院课程时，他产生了一个想法。那时的他热切希望多了解知识、多学习知识，他放弃了即将开始的法律职业生涯，独自一人靠着借

查尔斯·萨姆纳

来的钱远赴法国，到巴黎索邦大学继续深造。在独立学术研究领域，这可以说是一次高尚的冒险。

那里的一切都让他充满兴趣。他参加各种各样的讲座，内容涵盖自然史、地质学、埃及学、刑法、哲学史，他拟了一个古典研究进度表，波士顿学院传奇神父塞耶看到想必也会喜欢。他去听巴黎各医学院的讲座。他去听歌剧，看戏，参观卢浮宫，而所有这些令人兴奋的事都记在他的日记里以及写给家人的长信里。在卢浮宫看到拉斐尔和列奥纳多·达·芬奇的作品时，他写下了自己的感受："它们触及我的心灵，天真纯朴，就像动人的乐曲。"

但这并不是全部，还有其他更让他感触的事情。在巴黎索邦大学的讲座上，他发现黑人学生与其他学生的相处非常融洽，而且也深受其他学生的欢迎。在这里，一个人的肤色似乎是无关紧要的。萨姆纳很高兴看到这种情况，尽管起初他感到有些震惊，有些奇怪。不过，正如他思考后所写的，美国白人所认为的黑人和白人之间的"距离"或许是后天习得的，而"不是理所当然存在的"。这颗种子由此种下并最终发芽。在南北战争之前的19世纪50年代，作为参议员的查尔斯·萨姆纳坚决反对奴隶制的扩张。基于对学习的追求，他将自己在国外意外获得的个人启示带回国内，并最终改写了历史。

在动手写约翰·亚当斯的传记时，我不仅想读亚当斯和阿比盖尔写的东西，而且还想尽可能地去读他们两人读过的作品。很大程度上，我们读什么样的书，就会成为什么样的人。

所以，在过了60岁的时候，我再一次读起塞缪尔·约翰逊的随笔，读起蒲柏、乔纳森·斯威夫特和劳伦斯·斯特恩的作品，自上完高中和大学英语课之后，这对我来说还是第一次。我读塞缪尔·理查森的《克拉丽莎》，这是阿比盖尔最喜欢的一部小说；我读塞万提斯的《堂吉诃德》，而这也是我生平第一次读他的书。这真是一种享受！

不管有没有意识到，塞万提斯已经是我们的一部分。无论是感叹"世事艰难"，谈论"物以类聚、人以群分"，誓言"掀开新的一页"，待人待物"一视同仁"，还是坚持"沉默是金"，所有这些都出自塞万提斯。

约翰·亚当斯读书很杂。他读过无数遍莎士比亚和《圣经》，特

米格尔·德·塞万提斯

别是《旧约》中的诗篇。他读诗歌、小说和历史。他给儿子约翰·昆西的建议是，任何时候外出都要随身带一本书。"诗人在口袋，永远不孤独。"据美国教育部相关数据，在所有接受过大学教育的美国人里面，有整整三分之一的人在一年之中没有读过任何长篇小说、短篇小说或诗。2008届的毕业生们，我希望你们千万不要成为其中的一员。

把你对学习的热爱放到生命中的核心位置，这会带来巨大的改变。记得有人说过，即便是最古老的书，对第一次打开它的人来说也是崭新的。

你们非常荣幸地就读于我们这个国家最好的学院之一，这是一所长期致力于古典学以及文学与科学教育的学院。如果你们在这里的所学，促使你们去学更多的知识，那就对了。

阅读，阅读，阅读！去读你从未读过的美国经典文学，去读我们国家的历史。如果我们对我们国家的历史都不感兴趣，我们又怎样宣称热爱这个国家呢？还要去读希腊和罗马的历史，去读与科学、医学和思想大转折相关的历史书。

要记住，阅读是为了快乐。我非常喜欢优秀的惊悚剧或一流的神秘谋杀案。但对于那些已经经过时间考验的书，要认真读。研究一部名著，把它拆分开来，研究它的结构、词汇和意图。画出重点的句子，在空白处做笔记，几年之后再重新读。

用好公共图书馆。建立自己的书房，然后不断增加图书种类。

谈谈你正在读的书，问问其他人在读什么书，你会从中学到很多。

另外，还请你们一定竭尽所能，控制那些在你们中间传播日益广泛的粗鄙贫乏的用语。我说的是那些永无休止的、令人厌烦的插入语——"就比如""你知道""棒极了"和"说实话"，等等。说话的时候，听听你们自己是不是也这么讲。

想象一下，如果约翰·F. 肯尼迪在就职演说上这样讲，"说实话，不要问你的国家，你知道，能为你做些什么；而要问，就比如，你能为你的国家做些什么"。

在今年的总统大选中，你们中的很多人的积极参与令人称赞。别松劲，坚持下去。让这种理想主义保持生机，要创造不同。

找一份最适合你们的工作，然后充满激情地从事其中。不要气馁，不要仅仅为了钱而工作。选择你们认为有益的工作，能够给你们带来快乐的工作。你们会赚到足够的钱。每天都从事自己喜欢的工作，这是再美好不过的事情了。

昂起你的头，"诚为上策"。是的，这句话也出自塞万提斯。

让我向你们致以最热烈的祝贺。用不朽的乔纳森·斯威夫特的话来说，"愿你享受生命中的每一天"。

The Summons to Serve

DALLAS, TEXAS

November 22, 2013

国家的召唤

得克萨斯州达拉斯

2013 年 11 月 22 日

在距离现在很遥远的过去，他曾向我们发表了充满活力和使命感的讲话，那是我们先前所从未听到过的。他年纪轻轻就成了总统，但如果你们更年轻的话，你们就不会这么认为了。他雄心勃勃，要让这个世界变得更美好，我们也一样。"我要说的是……火炬已经传交给了新一代的美国人。"

那是一个令人兴奋的时刻。他谈到了所有需要做的事情，谈到了很多重要的事情——平等机会、共同目标、教育、心灵生活和精神生活、艺术、诗歌、报效国家、面对未来的勇气，以及世界和平事业，等等。

他的演讲鼓舞人心，是我们长期以来所渴望的。他激励我们报

The 50th: HONORING THE MEMORY OF
PRESIDENT JOHN F. KENNEDY

大卫·麦卡洛，达拉斯，2013 年 11 月 22 日

效国家，激励我们努力工作，激励我们取得有价值的成就。他是一个乐观主义者，他自己也是这么说的。在演讲中，他没有回避任何事实，也没有念叨任何陈词滥调。

他的演讲恳切扼要，充满自信。他清楚语言的重要性。他的话改变了现实，他的话改变了历史。在发表全国演讲的总司令中，具有如此高超语言驾驭能力的实属罕见。

他讲话中的很多内容不仅适用于半个世纪前，也同样适用于我们这个时代。而且我们希望，这些内容能被牢记于心，能被带到更远的未来。

"离去但未忘记"是一个用来描述已逝英雄的古老表达。但如果没有忘记，他们就没有离去。

在这个特殊的日子，在这个地点，让我们再听一听约翰·F. 肯尼迪的一些讲话：

> "我所讲的'新边疆'并不是一组承诺，而是一组挑战。它所概括的内容并不是我打算提供给美国人民的，而是我打算向美国人民要求的。"
>
> "这个国家是由来自不同国家和有着不同背景的人建立的，它是建立在人人生而平等的基础之上的。当一个人的权利受到威胁时，每一个人的权利都会被削弱……问题的核心在于……对于我们的美国同胞，是否能做到'己所

不欲，勿施于人'。"

"我们必须教育好我们的子女，他们是我们最宝贵的资源……"

"我们必须有接受过良好教育的人，并且多多益善，要将他们的聪明才智发挥到淋漓尽致。我们不仅要有科学家、数学家和技术专家，我们还要有精通人文学科的人才。

"我期望一个这样的美国，它不仅奖励商业或国家治理上的成就，也会奖励艺术上的成就……我期望一个这样的美国，它既靠实力优势，更靠文明价值赢得全世界的尊敬。"

"这个国家不能物质富足，但精神贫乏。"

"艺术是伟大的共有体验和人文体验。"

"在一个国家的生存状态中，远离干扰、远离消遣的艺术生活，非常接近于一个国家的中心目标，也是这个国家文明质量的试金石。"

"我确信，当世纪的尘埃在我们的城市落定后，我们被记住的并不是战争或政治中的成败，而是对人类精神文明的贡献。"

"如果有更多的政客理解诗歌，更多的诗人理解政治，那么我相信这个世界会更美好一点。"

"当权力把人引向傲慢时，诗歌会让他想起自己的不足；当权力让人变得狭隘时，诗歌会让他想起生活的丰富多彩；当权力致使人堕落时，诗歌会净化他的灵魂，因为艺术建立起了基本的人类真理，而这些真理必须作为我们评判的检验标准。"

　　"让我们一起探索星空，征服沙漠，消除疾病，开发海洋深处。"

　　"我们的先辈使这个国家掀起了工业革命的第一波浪潮，掀起了现代发明的第一波浪潮，掀起了核能技术的第一波浪潮，而我们这一代绝不甘于在即将到来的太空时代的浪潮中倒下。我们要加入其中……我们踏上新的征程，是为了获取新的知识，是为了赢得新的权利，并以此推动全人类的进步……但有人问，为什么选择月球？为什么选择登月作为我们的目标？……我们选择在这十年里登上月球并实现更多梦想，并不是因为它们轻而易举，而是因为它们困难重重。因为这个目标将有益于组织和分配我们的优势能力和技能，因为这个挑战是我们愿意接受的，是我们不愿意推迟的，是我们志在必得的。"

　　"和平世界这一目标……是我们当前的指引，也是我们对未来的愿景……对和平世界的追求，是我们这个世纪最伟大的事业。对于背负的重担，对于决策的复杂性，对

约翰·F. 肯尼迪在莱斯大学宣布登月计划

于痛苦的抉择，我们有时会怒不可遏。但逃避不会带来慰藉或安全感，疏于职守不是解决方案，不负责任不是信仰。"

"眼界被显而易见的事实所限制的怀疑论者或愤世嫉俗者，不可能解决这个世界上的问题。我们需要的是这样的人，他们能提出从未有过的梦想；还能反问，为什么不能这样？"

"我们今天谈论的这些事情，看起来不真实，很多人也怀疑它们能不能做成。但事实是，我们的历史一再证明，它们是能够做成的。"

约翰·肯尼迪的讲话中总是充满着对生活的热爱、对国家的热爱和对历史的热爱。他读历史，他写历史，他知道历史并不仅仅是关于过去的，也是关于现在的，也就是他经常说的，是关于每一代新人的，而我们也同样要接受历史的评判。我们把它交给我们的前辈、我们的后代，让他们基于我们所取得的比过去更大的成就以及我们所珍视的价值观去评判。

通过阅读和自己的生活经验，他还知道任何微小的结果都不是独力达成的，而是合力的结果。美国一直在合力的推动下前行，而我们必须继续秉持这一精神。

这就好比他所说的，"我可以向你们保证，我们热爱这个国家

```
devotion which we bring to this endeavor will light our country and all
who serve it -- and the glow from that fire can truly light the world.
For "when a man's ways please the Lord, he maketh even his enemies to be
at peace with him."

        And so, my fellow Americans:  ask not what your country will
do for you -- ask what you can do for your country.

        My fellow citizens of the world:  ask not what America will do
for you but what you can do for freedom.

        Finally, whether you are citizens of America or the world, ask
of me and those who serve with me the same high standards of strength
and sacrifice that we will ask of you; while asking the Lord above to
grant us all the strength and wisdom we shall need.  With a good conscience
our only sure reward, with history the final judge of our deeds, let us go
```

约翰·F.肯尼迪的就职演说草稿

并不是因为它的过去——虽然它一直都很伟大；也不是因为它的现在——虽然这是我们深以为豪的；而是因为我们齐心协力所开创的它的未来。"

正如在他的竞选主题曲中所唱的，他有着很高的期望，我们也一样。

A Building Like No Other

U.S. CAPITOL HISTORICAL SOCIETY

Washington, D.C.

2016

独一无二的建筑

美国国会历史学会

华盛顿哥伦比亚特区

2016 年

国会山是我们国家的卫城，而此刻我们正相聚在国会山的美利坚合众国国会大厦。这是这片土地上独一无二的建筑。在这里，建成一个自由而开放的社会的宏大愿景，曾被一代又一代人写入法律文件；在这里，勇敢而有力的滔滔雄辩曾改变历史；在这里，一些人类最丑陋和最高尚的动机被展露无遗。

这座宏伟的建筑物曾被称作"自由神殿"……"嵌入柱石的美国精神"……"强大的引擎"……"崇高的圣地"……"自成一体的城市"。托马斯·杰斐逊称其为这个国家"伟大的指挥剧场"。也有人说，正是在此地，在这墙宇之内，数不胜数的故事唯独发生于此，而非我们国家任何其他建筑。

有人把国会比作一条流动不息的河流，其成员来来往往，持续更替。自1800年国会首次在这国会山议事以来，11000余名众议院和参议院议员曾列座其中。当前这届国会议员共有535人。但这座"自成一体的城市"持续变化的总人数远不止于此。其中包括1800名国会山警察，这是一支比国会议员人数3倍还多的警力。大约有100名工程师维护这里的电力、管道和消防设施，另有一队工人修理草坪。这座大厦里的其他后勤雇员还包括理发师、厨师、服务员和国会工作人员，以及一名主治医师。

另外，还有65名参观导游为源源不断的参观者提供服务。每年都大致会有三至五百万的参观人流，包括来自全国各地和全世界其他地方的成年人和小学生等。

我第一次踏足此地时，还是一个高中生，那年我15岁，从匹兹堡一路奔波至此。

让我们到更远和更广阔的地方去旅行，去参观历史遗址，去参观名人的出生地和故乡，去参观美国独立纪念馆、战争遗址和传奇的河流渡口，并借此审视过去；毫无疑问这会让我们获益匪浅。回想一下，在这栋建筑里发生的重大事件的庞大体量、宽阔广度以及深远影响。例如，（美利坚合众国）宪法第十四条修正案的通过，两次世界大战宣战，马歇尔计划的批准通过，地球上绝无仅有的州际高速公路系统的修建等。当年经济大萧条时期，正是在这里，富兰克林·罗斯福宣称，"我们唯一要恐惧的就是恐惧本身"。也正是在这里，约翰·肯尼迪在其闻名遐迩的就职演说中，号召我们"不要问你的国家能为你做些什么，而要问你能为国家做些什么"。

不可否认的是，在这个"伟大的指挥剧场"，也从来不乏台面上毫无意义的自吹自擂或者自私自利的胡诌瞎侃之弊，以及一些议案上无休无止的扯皮拉锯。"我们有这样的权力，去做任何我们想做的愚蠢至极的事情，并且看起来我们每隔五分钟都在做这样的事情。"50年前参议员威廉·富布赖特如是说。而现如今，我们正面临着可耻的"打电话要美元"式的竞选筹款丑闻，议员们不顾本职工作而一心打电话筹款，这就是目前国会中的现实。

但历史是关乎人的历史，它由好人和坏人共同缔造，而当前这里发生的种种事情也充分印证说明了这一点。政治主张冲突的怒火有时候会转化为狂躁的暴力事件，1856年就曾有过那样的一天，在参议院会议厅，南卡罗来纳州的众议院议员普雷斯顿·布鲁克斯，从背后偷袭直言不讳的马萨诸塞州参议员、废奴主义者查尔斯·萨姆纳，他用粗重的手杖击中查尔斯，并欲将其乱棍打死，查尔斯几近毙命。

此外，1950年有那样的一天，缅因州新晋参议员玛格丽特·蔡斯·史密斯，敢为人先，勇敢地站出来挑战参议员约瑟夫·麦卡锡；宣称那些将"美国主义"频繁挂在嘴边喊得最大声的人，反而对那些"美国主义"的基本原则视而不见，比如"批评的权利，持有非主流信仰的权利，抗议的权利，独立思考的权利"。

哈里·杜鲁门之后对她说道："史密斯女士，您的良心宣言是我在参议院和白宫任职期间发生的最美好的事情。"

同样值得赞扬的是，正是在这里，议员们依法服务国家，巧妙地掌控国家前途方向，以及让这个政治机构发挥良好的表率作用；由此带来的自豪感将持久不息。国会众议员芭芭拉·乔丹曾经自豪地宣称，"我既不是一个黑人政治家，也不是一个女性政治家；我就是一个政治家，一个专业的政治家"。

我的老朋友、佛蒙特州的参议员帕特里克·莱希，曾在9月11日那天伫立在国会大厦外，自言自语道："老天哪，让我们回到那里

芭芭拉·乔丹

吧……我们要对美国人民说，我们在这里，包括我们这里忠诚、勇敢的工作人员。"

回想一下那些跨过这道大门的议员们，回想一下在这里发生的我们的历史转折事件——也就是我们此刻聚集所在的雕塑厅，亦即老众议院议事厅。

正是在这里，詹姆斯·门罗、詹姆斯·麦迪逊、约翰·昆西·亚当斯、安德鲁·杰克逊和米勒德·菲尔莫尔就任总统……也正是在这里首次有外国公民拉法耶特侯爵发表国会演说。

倘若有什么"历史之地"的话，这国会大厦必然便是了。国会通过了《赠地学院法案》，创建了史密森学会，投票通过了对墨西哥的宣战（即美墨战争）——这一决定曾饱受争议，其中就包括来自伊利诺伊州的众议员亚伯拉罕·林肯的反对。正是在这里，通过一系列国会法案，八个州相继加入美利坚合众国——亚拉巴马州、密歇根州、佛罗里达州、得克萨斯州、威斯康星州和加利福尼亚州，使得整个国家的领土增加近一倍。

国会大厅里的音响效果很诡异，大多时候都糟糕透顶。从大厅内的某些特定位置可以听到最远端的说话声，即便是窃窃私语也清晰可辨。与此同时，又几乎听不见从讲台处发出的声音。

据那些流传已久的传说称，夜深时这里回响着幽灵般的脚步声。根据其中一个传说版本，一名国会大厦的警察在某个跨年夜走进大厅时，发现这里的所有雕塑都在跳舞。

在我们国家的历史上，其中一个最动人的瞬间就发生在那儿，地板上那块黄铜标牌标示着准确位置。[1]

1831年，63岁的约翰·昆西·亚当斯——当时他被认为太老了——首次当选众议院议员，获得议席。距此31年前的1800年，他的父亲约翰·亚当斯总统在这栋尚未竣工的国会大厦发表国会演说，这也是这里首次召开的国会演说。约翰·昆西·亚当斯之前曾历任多国驻外大使，以及参议员、国务卿和总统。现在他又回到那个他曾宣誓就职总统的地方，以一名新任众议员的身份重新参政。正如他日记里写到的那样，此前还从未有总统这样做过，这次的欣喜之情胜过此前的任何一次当选和任职——包括总统任职。

他又矮又胖，衣着单调，外表毫不出众，但他处理事务异常果决，应对有方；他坚毅果敢，刚正清廉；他还是少数几个演讲声音能从大厅讲台传到所有角落的人，尽管音响条件欠佳。"亚当斯先生，"来自俄亥俄州的众议院议员乔舒亚·吉丁斯曾这样写道，"不属于任何地方选区，不属于任何政党，而属于国家，属于人民。"

他深爱着众议院，深爱着这个各项决议进行的"剧场"；当在其中开会议事时，他总感觉时间飞逝。他充满热忱地创建了史密森学会，以经久不衰的坚韧，反对与墨西哥的战争，其雄辩的口才空前

---

1 指约翰·亚当斯为国操劳累倒的位置，参见本书第一节《西蒙·威拉德的钟》。
——编者注

约翰·昆西·亚当斯

绝后——他被称为"雄辩老人"。他是众议院中最热情和坚定的反奴隶制议员。

　　坚韧的意志和追求伴随他到生命最后一刻。1848年2月21日，是约翰·昆西·亚当斯累倒在他办公桌上的那天，两天后他便离世。

正如那时候人们说的那样，他为国事"鞠躬尽瘁，死而后已"。

2月26日，他的遗体躺在这里，大厅内挤满前来悼唁的人群，包括参议院和众议院所有议员，最高法院法官，以及安德鲁·杰克逊总统。华盛顿一份报纸写道："我们从未见过如此庄严的场景。"《纽约先驱报》评论道："从人格的角度说，作为一个公民和一个政治家，还没有一个华盛顿公务人员达到了亚当斯先生的高度。"

在我们国家的国会大厦中，有两条首要的历史教训经久适用。其中第一条就是，几乎没有什么进步成果是靠个人独自完成的。伟大的成就通常是团体协作的结果，正如在这些议事厅内一次又一次反复印证的那样，不同党派的党魁，来自不同选区持有不同观点的代表们，为了国家利益，放下立场偏向，齐心共事。

我在1978年曾亲自见证过这样的时刻，在参议院就巴拿马运河条约激烈争论的时候，卡特政府的一项议案备受青睐，脱颖而出。历时六年的笔耕和研究，我写就的关于巴拿马运河的著作《跨海之路》，就在此前一年出版发行。并且我深信，这项条约对我们国家和巴拿马都是最有智慧的解决方案。为此，我还志愿作为这项条约的独立支持者，曾在几个月间随传随到，出现在国会山的演讲台。我曾经一度享受听到自己的著作被参议院议员引用的时刻，有时候也被持反对观点的议员引用。但总的来说，这些引用总是基于历史事实的。因而，这本书可以被引用来证实各种各样的观点。

在这一条约的辩论交锋过程中，我见证了共和党和民主党两方的观点都曾有所妥协，我见证了两方都试图促成各自认为对的事情。我没有看到憎恨，没有看到敌意。最终，包括田纳西州参议员霍华德·贝克在内的大批共和党议员转变立场，认为这一条约是正确的解决方案，然后齐心协力，使得议案通过。过去的 38 年也证明了这是一个正确的决定。

这里总结的第二条教训就是，历史远不仅限于政治和战争。历史涵盖的范围是如此广泛，以至于它不仅是对美国生活和抱负最有表现力的呈现，也是对蕴藏在艺术作品——包括建筑、绘画、雕塑和工程奇迹——中的人文精神的丰富贡献。我们美国人是心灵的建筑师，并且尽我们所能塑造我们的精神内涵。你只要朝四周看一下，就能发现这些东西充斥四周，在这座伟大建筑中无所不在。

在当今政治形势的视角下，也让我们来清点一下，我们看到的整栋建筑中有多少是外来移民的贡献。内科医生威廉·桑顿赢得了1792 年国会大厦建筑设计方案大奖，他来自英属西印度群岛的托尔托拉岛。美国第一位专业建筑师、负责设计包括雕塑厅在内的国会大厦的本杰明·亨利·拉特罗布，是在英国出生和接受教育的。在1812 年战争中，白宫被英军焚烧，而它的重建者是来自爱尔兰的建筑师詹姆斯·霍本，他也参与了国会山的建造。负责国会大厦地基修筑的石匠科伦·威廉森，是苏格兰人。

还有就是了不起的艺术家康斯坦丁诺·布伦米迪，由他绘制的栩栩如生的壁画，填满了国会大厦大圆屋顶下圆形大厅的最顶部，

《本杰明·亨利·拉特罗布》，查尔斯·威尔森·皮尔绘

他的装饰天分以一种鲜有的方式照亮了参议院侧翼的廊道。康斯坦丁·布伦米迪身形短小精悍，仅有 5 英尺 5 英寸（约合 165.1 厘米）高，但却精力旺盛，这些美仑美奂的壁画作品，在我们国家是前所未见的。

当然还有卡洛·弗兰佐尼，他雕塑的历史女神像克利俄，就在正门口上方，时刻记录着这里发生的历史。

正如你可能想到的那样，布伦米迪和弗兰佐尼都来自意大利，那里有数不胜数的工匠，娴熟的泥瓦匠和石匠。

此外，我们的首都华盛顿本身也是由外来移民设计规划的，即法国工程师皮埃尔·朗方。而且，那两部迄今为止最优秀、最知名的关于国会的电影《史密斯先生到华盛顿》和《华府千秋》，也是由移民导演执导的，他们分别是弗兰克·卡普拉和奥托·普雷明格。

康斯坦丁诺·布伦米迪

当然还有非裔美洲黑奴，他们为国会大厦的建设做过很多事情——总共做过多少可能永远是个谜，但他们确实在其中扮演了很重要的角色。关于他们出力劳动的显而易见的证明，就是环绕我们四周的这些立柱。他们"受雇于"奴隶主，在采石场裁切大理石。

国会大厦的修建和重建需要耗费的时间、人力和耐心远超出很

正在建设中的美国国会大厦

多人的想象，过程中时常出差错。其间遇到的各种各样的具体事情，都可能产生争锋相对的观点和意见。还有各种意外事故，接二连三的工伤，以及一次惊险的、九死一生的经历。

一天，布伦米迪正在绘制大圆顶的壁画时，他从脚手架上滑倒了，随后他尽力抓住了一根梯子的脚蹬横木。他在上面拼命支撑了15分钟，双手距离大理石地板约有55英尺（约合16.76米）高，直到国会大厦一名警察碰巧瞥见并迅速冲过来救援。布伦米迪那时候已经72岁高龄了，在国会大厦工作了26年。

大圆顶在万众瞩目下，成型于南北战争期间，此后一直作为我们首都的巨大指挥中枢。它主要是两位卓越的美国人的杰作，即建筑师托马斯·U.沃尔特和结构工程师蒙哥马利·C.梅格斯，两人都有各自的故事。沃尔特是从砖匠做起的。而当梅格斯接手有史以来最具挑战性的工程项目之一，并用里里外外重达九百万磅的铸铁建成19世纪的工程杰作时，他还是陆军工程兵团的一名上尉，刚满36岁。

作为一名艺术爱好者，甚至自己本身就是一名艺术家，梅格斯还曾为这栋建筑里的艺术作品做过很多努力——包括布伦米迪的壁画以及委任雕塑家托马斯·克劳福德在大圆顶之上塑造那座19英尺6英寸（约合5.94米）高的"自由雕塑"。

国会大厦竣工于1868年，那闪耀的大圆顶始终是我们首都的地标和焦点。尽管从那时到如今的这些年间，又经历过数次改建和扩建，但本质上依然如初，它始终是自由的象征，始终比任何事物都更好地见证着我们的历史，我们美国的历程；同时召唤和激励着我们内在的自豪感和爱国情怀。

现如今，我们又迎来了一个新的选举季，正如之前所有的选举季一样，新"选举季"将决定接下来的许多事情——甚至比我们知道的还要多。

在那儿的大门正上方，克利俄的历史战车那侧，是马萨诸塞州的钟表匠西蒙·维拉德的作品。自179年前的1837年起，它已经值守多年。它始终嘀嗒运转着，指示着准确的时间。

我的感受也和克利俄一样，从来没有比此刻更想致力于她所扮演的角色，去记录那些我们正在经历的和即将创造的历史。

让我们整装待发！

美国国会大厦自由雕塑

译名对照表

阿比盖尔·史密斯·亚当斯　Abigail Smith Adams

阿比西尼亚浸信会　Abyssinian Baptist Church

阿德里安娜·德·拉法耶特　Adrienne de Lafayette

阿尔本·巴克利　Alben Barkley

阿尔文·约瑟夫　Alvin Josephy

阿伦·科普兰　Aaron Copland

阿瑟·范登堡　Arthur Vandenberg

埃伦　Ellen

艾伦·德鲁里　Allen Drury

爱德华·霍珀　Edward Hopper

爱默生　Emerson

安德鲁·杰克逊　Andrew Jackson

奥古斯塔斯·圣-高登斯　Augustus Saint-Gaudens

奥普拉·温弗瑞　Oprah Winfrey

奥托·普雷明格	Otto Preminger
《巴黎条约》	*Treaty of Paris*
巴拿马运河条约	Panama Canal Treaty
《巴氏常用妙语辞典》	*Bartlett's Familiar Quotations*
芭芭拉·乔丹	Barbara Jordan
芭芭拉·塔奇曼	Barbara Tuchman
白宫史	History of The White House
邦克山战役	The Battle of Bunker Hill
《邦联条例》	*Articles of Confederation*
保罗·里维尔	Paul Revere
鲍勃·本德	Bob Bender
北美联盟	North American Union
贝丝·杜鲁门	Bess Truman
本杰明·富兰克林	Benjamin Franklin
本杰明·亨利·拉特罗布	Benjamin Henry Latrobe
本杰明·拉什	Benjamin Rush
本杰明·韦斯特	Benjamin West
比利·肖	Billy Shaw
比塞洛斯-伊利	Bucyrus-Erie
宾夕法尼亚历史学会图书馆	Pennsylvania Historical Society Library
波士顿公共花园	Boston Public Garden
伯顿·K.惠勒	Burton K.Wheeler
博林布鲁克勋爵	Lord Bolingbroke
布鲁内莱斯基	Brunelleschi
蔡尔德·哈萨姆	Childe Hassam
查尔斯·艾略特·皮斯	Charles Elliott Pease
查尔斯·布尔芬奇	Charles Bulfinch

J. 汉密尔顿·刘易斯	J. Hamilton Lewis
吉恩·凯利	Gene Kelly
吉尔伯特·斯图尔特	Gilbert Stuart
吉米·伯恩斯	Jimmy Byrnes
吉米·卡特	Jimmy Carter
《加图》	*Cato*
家乐氏	Kellogg's
贾斯廷·莫里尔	Justin Morrill
杰德	Jed
杰弗里	Geoffrey
杰拉尔德·福特	Gerald Ford
杰西	Jesse
卡尔·海登	Carl Hayden
卡尔霍恩	Calhoun
卡尔文·柯立芝	Calvin Coolidge
卡罗琳	Caroline
卡洛·弗兰佐尼	Carlo Franzoni
卡森·麦卡勒斯	Carson McCullers
凯特琳	Caitlin
《堪萨斯—内布拉斯加法案》	*Kansas-Nebraska Act*
坎布里亚铁厂	Cambria Iron Works
《康康舞》	*Can-Can*
康斯坦丁诺·布伦米迪	Constantino Brumidi
康沃利斯	Cornwallis
科尔·波特	Cole Porter
科林·鲍威尔	Colin Powell
科伦·威廉森	Collen Williamson

伦纳德·伯恩斯坦	Leonard Bernstein
《论美国的民主》	*Democracy in America*
罗伯特·A. 塔夫脱	Robert A. Taft
罗伯特·艾伯茨	Robert Alberts
罗伯特·伯德	Robert Byrd
罗伯特·格利登	Robert Glidden
罗伯特·瓦格纳	Robert Wagner
罗茜	Rosie
罗莎莉	Rosalee
罗尚博	Rochambeau
《马背上的早晨》	*Mornings on Horseback*
马德莱娜教堂	Church of the Madeleine
马可·奥勒留	Marcus Aurelius
马萨诸塞历史学会	Massachusetts Historical Society
玛格丽特·蔡斯·史密斯	Margaret Chase Smith
玛格丽特·麦克法兰	Margaret McFarland
玛丽·卡萨特	Mary Cassatt
玛丽亚·科斯韦	Maria Cosway
迈克·希尔	Mike Hill
梅	May
梅里尔·彼得森	Merrill Peterson
梅丽莎·马尔凯蒂	Melissa Marchetti
梅纳西·卡特勒	Manasseh Cutler
《美国的名字》	*American Names*
美国国会历史学会	U.S. Capitol Historical Society
美国艺术与科学院	American Academy of Arts and Sciences

美国鱼类、渔业和鸟类委员会	U.S. Commission of Fish and Fisheries and Birds
美国鱼类和渔业委员会	U.S.Commission of Fish and Fisheries
"美国主义"	Americannism
美好年代	Belle Époque
蒙哥马利·C.梅格斯	Montgomery C. Meigs
米格尔·德·塞万提斯	Miguel de Cervantes
米勒德·菲尔莫尔	Millard Fillmore
莫顿·詹克罗	Morton Janklow
莫霍克谷	Mohawk
木匠厅	Carpenters' Hall
木匠庭院	Carpenters' Court
纳尔逊·曼德拉	Nelson Mandela
纳撒尼尔	Nathaniel
内利	Nellie
欧内斯特·海明威	Ernest Hemingway
帕特里克·亨利	Patrick Henry
帕特里克·莱希	Patrick Leahy
潘兴	Pershing
彭尼	Penney
皮埃尔·高特鲁夫人	Madame Pierre Gautreau
皮埃尔·朗方	Pierre L' Enfant
普雷斯顿·布鲁克斯	Preston Brooks
乔·鲁宾逊	Joe Robinson
乔·马丁	Joe Martin
乔·麦卡锡	Joe McCarthy

乔纳森·斯威夫特　Jonathan Swift

乔舒亚·吉丁斯　Joshua Giddings

乔治·C. 马歇尔　George C.Marshall

乔治·艾肯　George Aiken

乔治·格什温　George Gershwin

乔治·赫伯特·沃克·布什　George Herbert Walker Bush

乔治·霍夫　George Hough

乔治·诺里斯　George Norris

切斯特·艾伦·阿瑟　Chester Alan Arthur

让 - 安东尼·乌敦　Jean-Antoine Houdon

《让音乐持续》　*While the Music Lasts*

萨尔姆宅邸　Hôtel de Salm

塞缪尔·F. B. 莫尔斯　Samuel F. B. Morse

塞缪尔·埃利奥特·莫里森　Samuel Eliot Morison

塞缪尔·戴维斯　Samuel Davies

塞缪尔·理查森　Samuel Richardson

塞缪尔·普洛克特　Samuel Proctor

塞缪尔·约翰逊　Samuel Johnson

"善意的时代"　Era of Good Feeling

尚普兰湖　Lake Champlain

舍伍德·安德森　Sherwood Anderson

神父塞耶　Father Thayer

圣 - 埃克苏佩里　Saint-Exupéry

圣路易斯　St. Louis

圣母百花大教堂　Santa Maria del Fiore

圣詹姆士宫　Court of St. James's

史密森学会　Smithsonian Institution

威廉·霍华德·塔夫脱	William Howard Taft
威廉·津瑟	William Zinsser
威廉·卡伦	William Cullen
威廉·桑顿	William Thornton
威廉·西尔	William Seale
韦伯斯特	Webster
《伟大的历程》	*The Greater Journey*
《伟大的桥》	*The Great Bridge*
《伟大的三巨头》	*The Great Triumvirate*
温斯顿·丘吉尔	Winston Churchill
温斯洛·霍默	Winslow Homer
《我爱巴黎》	*I Love Paris*
沃尔特·惠特曼	Walt Whitman
伍德罗·威尔逊	Woodrow Wilson
《X 夫人》	*Madame X*
西奥多·比尔博	Theodore Bilbo
西奥多·罗斯福	Theodore Roosevelt
《西北法令》	*Northwest Ordinance*
西蒙·威拉德	Simon Willard
希尔斯代尔学院	Hillsdale College
夏尔·戴高乐	Charles de Gaulle
肖纪念碑	Shaw Memorial
小亨利·卡伯特·洛奇	Henry Cabot Lodge, Jr.
《小王子》	*The Little Prince*
小约瑟夫·柯立芝	Joseph Coolidge, Jr.
"雄辩老人"	Old Man Eloquent
休伊·朗	Huey Long

致谢

　　我要再次感谢我的家人、朋友，以及协助我让这本书得以顺利出版的工作伙伴们：我的女儿多莉·劳森，她为我做好了这些年所有演讲安排，并搜集整理了这些演讲稿，精心挑选那些看起来针对我们国家当前形势最有效的部分；梅丽莎·马尔凯蒂和我的儿子杰弗里，以及我长期的研究助理、天资聪颖的迈克·希尔，他们也参与了整理工作；我的编辑鲍勃·本德，他的研读和建议也再次提供了巨大帮助；我的文稿代理人莫顿·詹克罗，尤其要感谢他策划本书的积极热情；我所有的家庭成员，包括那些孙儿孙女们，他们也是本书的被题献者；最重要的是，我要一如既往地感谢我的总编辑，也就是我的妻子罗莎莉。

图片出处

第2页:　　U.S. Senate Historical Office

第4页:　　National Gallery of Art

第8页:　　Library of Congress

第13页:　　Courtesy of Architect of the Capitol/U.S. Capitol Historical Society

第20页:　　University of Pittsburgh

第28页:　　©Thomas Jefferson Foundation at Monticello

第32页:　　Courtesy of Harry S. Truman Library & Museum

第40页:　　Courtesy of Union College

第36页:　　Courtesy of Union College

第134页：　AFP/Getty Images

第139页：　Library of Congress

第141页：　Library of Congress

第145页：　National Park Service, U.S. Department of the Interior

第152页：　Library of Congress

第154页：　Real Academia de la Historia, Madrid, Spain/ Bridgeman Images

第160页：　Tom Fox, ©2013, The Dallas Morning News

第164页：　Photo 12/Universal Images Group/Getty Images

第166页：　Tom Williams/National Archives/Getty Images

第172页：　LBJ Library, photo by Frank Wolfe

第175页：　©The Metropolitan Museum of Art/Art Resource, NY

第178页：　Private Collection, Peter Newark Pictures/ Bridgeman Images

第179页：　Library of Congress

第180页：　Courtesy of Architect of the Capitol

第183页：　Bruce Guthrie, photo credit

前环衬：　Collection of the Massachusetts Historical Society

后环衬：　Library of Congress

图书在版编目（CIP）数据

美国精神 /（美）大卫·麦卡洛著；陈召强译 . --

北京：中国致公出版社，2018

　　ISBN 978-7-5145-1229-8

　　Ⅰ.①美… Ⅱ.①大… ②陈… Ⅲ.①民族精神—美

国—通俗读物 Ⅳ.① C955.712.1-49

中国版本图书馆 CIP 数据核字 (2018) 第 041446 号

著作权合同登记 图字：01-2018-2488 号

美国精神

[美] 大卫·麦卡洛　著　　　陈召强　译

责任编辑：何江鸿　周　炜
责任印制：岳　珍

出版发行：　　中国致公出版社
China Zhigong Press

地　　址：北京市海淀区翠微路 2 号院科贸楼
邮　　编：100036
电　　话：010 - 85869872（发行部）
经　　销：全国新华书店
印　　刷：艺堂印刷（天津）有限公司
开　　本：889 毫米 ×1194 毫米　1/32
印　　张：7
字　　数：120 千字
版　　次：2018 年 7 月第 1 版　　 2018 年 7 月第 1 次印刷
定　　价：69.90 元